货币

于一 ◎ 著

财富的常识

山西出版传媒集团
山西人民出版社

图书在版编目（CIP）数据

货币：财富的常识 / 于一著. —太原：山西人民出版社，
2012.8
ISBN 978-7-203-07829-6

Ⅰ. ①货… Ⅱ.①于… Ⅲ. ①货币—研究 Ⅳ.
①F82

中国版本图书馆 CIP 数据核字（2012）第 165989 号

货币：财富的常识

著　　者：于　一
责任编辑：傅晓红
图书策划：亨通堂
出 版 者：山西出版传媒集团·山西人民出版社
地　　址：太原市建设南路 21 号
邮　　编：030012
发行营销：0351-4922220　　4955996　　4956039
　　　　　0351-4922127（传真）　　　4956038（邮购）
E-mail：sxskcb@163.com　　发行部
　　　　sxskcb@126.com　　总编室
网　　址：www.sxskcb.com
经 销 者：山西出版传媒集团·山西人民出版社
承 印 者：三河市南阳印刷有限公司
开　　本：710mm×1000mm　　1/16
印　　张：15.25
字　　数：190 千字
版　　次：2012 年 8 月　第 1 版
印　　次：2012 年 8 月　第 1 次印刷
印　　数：1—9000
书　　号：ISBN 978-7-203-07829-6
定　　价：33.00 元

如有印装质量问题请与本社联系调换

目 录
CONTENTS

引 子
货币之水，清兮浊兮？福兮祸兮？

千百年来，金融家们进行的从未停息的博弈、资本市场中屡屡上演的一夜暴富的故事、热钱汹涌使得一个城市乃至国家的繁荣毁于一旦、主权货币兴衰背后所隐藏的国势沉浮……在对货币的素描中，大肆泼墨的主线条弥漫着粗粝、野蛮又诱人的铜臭味。这些情节丰富甚至惊险的故事，是人们最为津津乐道的。

2012 年的夏天，各国都进入了关键时刻，欧元区百病缠身，美国就业持续不振，中国的经济增速下滑，全球经济充满不确定性。但是我们深信重重危险正孕育着未来的生机，"在别人恐惧的时候贪婪"，这就是为何我们在这时候推出这本《货币》——正本清源，为公众提供一个思考财富、探寻真相的文本。

这是"什么都需要钱"时代

我们竖起一道围墙，从月初到月末，日复一日，哪一天都离不开钱。

很难想象，没有统一的货币，这个世界将会是多么糟糕！假如回到以物易物的时代，买一件衣服还要扛着一袋米或端几十杯咖啡去换，会不会让你抓狂？

这只是假如，而现实是，我们活在一个"什么都需要钱"的时代，若没有由货币延伸出来的社会价值——钱，会比没有统一的度量衡更让人抓狂。

无论是庙堂之高，还是江湖之远，都离不开钱。不管穷人，还是穷国，日子很难过得潇洒。对于穷国来说，财政赤字是家常便饭，习惯性地对外低声下气地借钱，动不动就是饥荒、暴乱。被贫穷逼到犄角旮旯的国家，只求温饱，什么国家尊严、人民福祉，统统都低到尘埃里去了。

富国就是另一副模样，国家富有，对外说话腰杆子硬，对本国人民花钱大方，人们享受的福利也高。譬如美国，虽然政府借了很多债，是个"穷政府"，但借的钱一样花得奢侈，老百姓很富有，惹得其他国家的人争着前往美国圆豪华的"美国梦"。

对于凡夫俗子，一个"钱"字，也足以将其生活搅得七零八落，如鲠在喉的酸楚氤氲不去。

2011年夏天，一部名为《钢的琴》的小成本电影寂寥上映。东北一家大型国有企业铸造分厂的工人陈桂林，因厂子改革在40多岁时与妻子双双下岗。会拉手风琴的他，与同样下岗的工友草草搭了一个草台班子，婚丧嫁娶时去活跃场面，赚些辛苦钱勉强糊口。日子越过越糟，现实的妻子"攀"上一个卖假药的老板，并与他争夺女儿的抚养权，女儿提出谁能给她买一架钢琴就跟谁。陈桂林与工友在破败废弃的车间里为他的女儿打造了一架钢的琴。

电影中男主角离婚时有一段经典对白：

"陈桂林，孩子跟你不会幸福的！"

"你少拿幸福吓唬我，小元很幸福！"

大大小小的坎坷锁在岁月的皱纹里，露了没钱的怯，一抖，幸福就碎了一地。

当年国库藏金甲天下，如今仍是"发展中"

富有只是一个暂时性的片段。

1799 年，清朝是响当当的白银帝国，当朝皇帝乾隆不管是在权力、威望还是财富上，都比美国的开国总统乔治·华盛顿牛气得多，整个国家看起来也比美国更加繁荣。英国学者安格斯·麦迪森统计，1820 年，中国人口总数为 3.81 亿人，美国为 1 000 万人；中国经济总量为 228.6 亿"国际元"，美国为 12.5 亿"国际元"。

然而，若干年后，这两个不在同一个"重量级"上的国度，走向了截然不同的发展轨道。中国遭遇了一系列屈辱、混乱和萧条，直到新中国成立尤其改革开放后奋起直追，才步入"发展中"的行列并开始崛起。而美国，则一往无前地奔向经济霸主的位子并稳坐多年，至今仍然无人可撼。

藏金万贯的清朝，靠借债起家的美国，演绎出完全迥异的国运路线。垂垂老矣的清朝，只知道存银子，对证券化这些撬动资本杠杆的资本化手段置若罔闻，随着内耗、外耗增加，国家越来越穷。而美国，从诞生之日起，就懂得玩钱、生钱的游戏，国家越来越富有。不同的金融制度，催生出不同的财富生长方向。

有钱没钱，并不能完全决定一个国家的国运，制度才是一个国家进步的根本基因，一旦在制度上瘸了腿，国家再富有，也难保长盛不衰。

时间如流水，财富从未停止流动，也从未有意久居在某地，以给某个区域或某个人群以千代万代的福祉，有时轮回，有时颠覆。它牢牢地栖息在国家制度、人类智慧与道德中，任谁左哄右骗，依然耐得住诱惑，对于它执著的元素不离不弃。

"不名一文"的穷人与"只剩下钱"的富人：谁更幸福？

有钱了，就幸福了吗？

当我们用线性逻辑来思考问题时，就会一厢情愿地认为，有钱指数与幸福指数正相关。但事实上，幸福并没有与财富捆绑在一起。财富多了，幸福也不一定会迫不及待地敲你的门。

货币代表的物质财富，是一个精简了的宏大叙事，其中种种细腻的喜怒哀乐等情绪体验则被粗暴地抹去。饿了，不只希望别人递给他一块面包，还希望获得应有的尊严；没有栖身之地，不仅渴望能够拥有遮风挡雨的小屋，更希望获得别人的关心。物质之外，还有幸福、信仰和文化。这些看似与货币无关，但又无法与货币完全隔离。老掉牙的辩证法，就这样顽固地留存于世。

财富与幸福的相关关系会出现边际递减效应。

我们往往会问，生活在富足的国家会不会比在贫困的国家更幸福？收入的增加是否会无限地提高幸福水平？经济学家通过大量的数据和经验证明，生活在富足的国家的确会比在贫穷的国家容易产生幸福感。活在一个被贫穷折磨，连饭都吃不饱，疾病和瘟疫横行的国家，哪还有精力奢谈幸福？但是，财富对幸福的提高是边际递减的。当你一贫如洗时，你一个月的工资多了几十元钱，一周多吃几次肉就很幸福了。当你解决了温饱问题，拥有自己的一套房子或者一辆车，你也能轻易抓住幸福。不过，当你年薪百万，你的房子由100平方米换成200平方米，你的车由富康换成宝马时，你觉得也不过尔尔，幸福开始落伍，甚至止步不前了。

财富增长在国家与民众以及民众之间的不平衡性，会剥夺财富获得相对较少者的幸福感。持续增长的背后，往往隐藏着大量的不平等，持续增长的物质财富可能会藏富于国，也可能藏富于少数既得利益者。大部分人沦落为经济繁荣的旁观者，这不是一个令他们愉快的角色。更损害人们幸福的是，不均衡的财富在代际间传承。

货币，这个裹挟着经济属性的价值符号，从来没有脱离政治、经济与民生的烙印。它在社会的土壤中生生不息，在庙堂与江湖的缝隙里挣扎，其中多有艰难、曲折，经过经年累月的蜕变，终究于荒草和荆棘之中，踏出一条催生国家财富、民生福祉的路来。

今天，我们见证一个从过去时代走来的财富符号，其中蕴藏着无数个精彩片段，既有对逝去年代种种疯狂与理性的追溯，也有对未来跌宕世界的展望。

大起大落，大喜大悲

有的时候，我们未必对货币的命运沉浮有着清醒的洞察。

大起大落、大喜大悲，总是镶嵌在某个特定的历史框架中。那些在银行、人们的口袋、商人的钱袋里肆意流动的质地、形状、色彩各异的货币，被时间这根魔杖牵引着，表现出不同的聚散态势。

金融界的操盘高手，要在金融市场中赢得漂亮，尤其是大出"一夜暴富"的风头，需要博弈智慧，也需要"天助我也"的运气，即那些转瞬即逝的千载难逢的历史性机遇。战争、经济危机以及某些制度性缺陷，都会成为这些独具慧眼的操盘高手的捞金机会。罗斯柴尔德家族的崛起受惠于战争，投机巨鳄索罗斯分别利用东南亚和英国的金融体系缺陷制造了金融危机，而美国的古尔德和菲斯科玩的"黄金操纵案"钻的是美国货币体系的致命漏洞……

每一次货币所引发的祸害，都是货币"聚众"的结果。货币择机而聚，制造出虚假繁荣的景象，这样的金融大泡泡，能让一件不起眼的小事成为骇人杀机，繁荣转眼化为焦土。

货币背后，涌动着一系列大国博弈智慧、金融资本化征程的隐秘力量。众币云集，一个国家的主权货币成为超主权货币，意味着这个国家能够以本国货币为杠杆，控制全球经济与贸易，在全球的政治与军事格局中一言九鼎，能捞到很多看得见的、看不见的好处。从英镑到美元，再到超主权货币的提出，有荣光，也有坠落。至今，这盘错综复杂的货币大棋还未下完。

秘而不宣的智慧

很多看似理性又散发着人类智慧的货币故事，很容易淹没于过于金光闪闪的底色。这些故事，有的是精致细节，有的是宏大叙事；有些隔着千年光阴，有些近在咫尺……

判断一个国家有钱没钱的真正标准，不是它的国库里堆了多少金子和银子，而在于其对"死财富"的资本化程度。中世纪的西班牙、葡萄牙曾无比豪放地把金山银山往回拿，但躺在金山银山上睡大觉，让他们没风光多久便衰落下去。对外掠夺的暴力"资质"和"资历"远在西班牙、葡萄牙之下的英国，却凭借强大的金融体系，将"死财富"变成了无可限量的"活财富"。

"家世"不够耀眼、家底很薄的美国，在资本化方面比英国更胜一筹。美国迅速崛起，不仅在于其"趁火打劫"的技术一流，更在于美国人习惯借债，擅长"投机"。对外，美国发行"绵绵无绝期"的国债，政府有钱可花，征税额度降低，美国的老百姓因此受益。藏富于民的做法让民间创富行为更为活跃，整个国家的财富也水涨船高。对内，美国经济领域的各种"投机"风生水起，单单一个华尔街的影响力就足以与一个超级大国相媲美。而"投机"背后，也有发展的硬道理——技术创新，"投机潮"是对技术的吹捧，也鼓励了更大范围的技术创新。

……

在最后，我们不得不提及中国的货币征程，其中有着无数个文明挣扎与演进、智慧博弈的关键节点。

清王朝这个强大的"白银帝国"竟然毁于不起眼的罂粟手中，不但毁了名声，还破了大财。中日甲午战争，中国一败涂地，其中亦有货币的影子闪现。日本借债打仗，全民踊跃购买公债，皇后捐出首饰以致无花可戴，只能以樱花代替，甚至有日本女学生卖身购买公债。而此时的中国，由于频繁地割地赔款，农民运动此起彼伏，洋行趁机兴风作浪，慈禧太后挪用国库白银修建皇家园林，导致军费严重不足。这场空前绝后的耻辱之战，中方战败绝非天意，而是人祸。

前国务院总理朱镕基，不仅能说出"不管前边是万丈深渊还是地雷阵，我将义无反顾，勇往直前"这样动情而得民心的政治宣言，还切实进行了一系列改革，涉及政治、经济等多个领域，其金融改革措施中不乏亮点。世易时移，当下的中国金融改革乃至经济改革，如何着墨，如何破题，则继续牵动十几亿人的神经……

货币的每一次转向，在当事人看来或许微不足道，但其影响大则左右人类文明浮沉小则波及凡夫俗子悲欢。那些大起大落、大喜大悲的故事，那些秘而不宣但又影响深远的故事，或者在预想之中，或者在意料之外，有传承也有嬗变，既是历史，更是未来……我们尝试重现、勾勒，希望能在峰回路转处觅得货币真相。

第一章
"资本化"征程

十字军东征种下的财富种子

无数人为上帝而战

11 世纪初，欧洲人的日子过得粗糙又无趣。国王、贵族和骑士们除了在大小不一的城堡里自娱自乐，就是相互征战和抢夺土地，重复的战争并未为他们的国家和家族带来多少荣耀，反而让百姓们很受伤。农奴们个个唉声叹气，不但终日劳作，还被战乱和瘟疫搅得不得安宁。

单调、乏味又沉郁的日子，该找一个突破口了。

1095 年，教皇乌尔班二世在法兰西南部小镇克勒芒召开宗教会议，早已厌倦当前时局的贵族、骑士、平民都来一探究竟，看看万能的上帝给他们开了什么样的救赎药方。极富演讲口才的乌尔班二世的确擅长击中人们的软肋：

正为大家所知，一个来自波斯的民族，塞尔柱土耳其人已经入侵我们东方兄弟的国家，他们一路攻到地中海，直到布拉·圣乔治，在罗马尼亚，突厥人七次攻打基督教徒，七次获胜，又侵占了我们的圣地——耶路撒冷，他们在大肆踩踏上帝的国度，毁坏基督教堂，掳杀虔诚的上帝子民，污辱贞洁的妇女，贪婪地饮着受洗儿童的鲜血。

……

我告诉在座的各位，也通知不在场的人：这是主的旨意。

让我们投入一场神圣的战争——一场为主而重获圣地的伟大的十字军东征吧！让一切争辩和倾轧休止，登上赴圣地的征途吧！从那个邪恶的种族手中夺回圣地吧！

那个地方（耶路撒冷），如同《圣经》所言，是上帝赐予以色列后嗣的，遍地流着奶和蜜，黄金宝石随手可拾。耶路撒冷是大地的中心，其肥沃和富饶超过世界上的一切土地，是另一个充满欢娱快乐的天堂。

我们这里到处都是贫困、饥饿和忧愁，连续七年的荒年，到处都是凄惨的景象，老人几乎死光了，木匠们不停地钉着棺材，母亲们悲痛欲绝地抱着孩子的尸体。东方是那么的富有，金子、香料、胡椒俯身可拾，我们为什么还要在这里坐以待毙呢？

一个遭人蔑视，受撒旦支配的堕落民族，若是战胜了一心崇拜上帝，对我们这个以身为基督教徒而自豪的民族会是多大的耻辱啊！如果你们找不到配得上基督教徒这个身份的士兵，主该怎样责备你们啊！

乌尔班二世：罗马教皇，1088 年至 1099 年在位，中世纪四大拉丁神父之一，他在神圣罗马帝国皇帝的重压下，另辟战场，发起了十字军东征，重振了教皇的权威。他继续推行前教皇格列高利七世的教会改革和教权至上的政策，比前任取得更大的成功。虽说格列高利七世开始了罗马教廷与德皇长达两个世纪的权力之争，但却以死于异乡的悲剧告终，而乌尔班二世终于战胜了德皇支持的敌对势力，最后在罗马站住脚，安然度过了余生。

11 世纪，塞尔柱王朝的突厥人入侵犹太教、基督教、伊斯兰教共同的圣地——耶路撒冷，开始对一些朝圣者大不敬，譬如抢劫、勒索甚至夺其性命。突厥人的劣行传到欧洲，经过不断发酵，就成为骇人听闻的大肆迫害与屠杀了，罗马教皇和教会趁机煽动人们东征。

> 塞尔柱王朝：11 世纪塞尔柱突厥人在中亚、西亚建立的伊斯兰国家（1037 年—1194 年）。塞尔柱人属突厥乌古斯部落联盟四大部族中的一支，初居突厥斯坦的吉尔吉斯草原，以其酋长塞尔柱（Saljuq）的名字命名。约于 10 世纪中期，塞尔柱率其游牧部族西迁至锡尔河下游的占德地区，后趁伽色尼王朝对外战争和内讧之机，扩大势力，逐渐兴起。

信仰，同情心，良知，财富的诱惑，妒忌……善于洞察人心的乌尔班二世，将所有激发人们血脉贲张的催化剂统统喷出来，鼓动人们参与这场在上帝面前无比神圣，同时在世俗世界又能获得真金白银的战争中。

原来天堂在东方召唤，人们尤其是贫穷的人们被这个上帝派来的使者"忽悠"得热血沸腾，他们衣衫褴褛却一定要在世人面前宣扬他们的信仰有多光荣和高贵，当然他们心中也有自己的小九九——东方可以"大碗喝酒，大块吃肉，大把分钱"，于是迫不及待地变卖家产，拖家带口奔向天堂。

善于煽风点火的教皇，鼓动起人心来头头是道，论起打仗则很不靠谱。浩浩荡荡的东征大军简直就是一群乌合之众，有农奴、流浪汉、少数骑士，甚至有一次东征滑稽到聚集了 3 万儿童大军，结果这些可怜的孩子们被人贩子卖到北非做奴隶，就别提在沙场冲锋陷阵了。后来历史学家爱德华·汤普逊如此评价:"再没有如此令人伤感的事情。他们以牛羊做马,沿途拖着双轮小车,车上堆着破碎的行李和他们的孩子。每经过一个堡垒、一个城市,孩子们都会伸出手问道,这是耶路撒冷吗?"

> 爱德华·汤普逊:近代英国历史学家,著有史学巨著《罗马帝国衰亡史》一书。

很显然,人们愿意以命来赌的信仰不会为其远征带来势如破竹的好运,一群杂牌军在缺少专业指导的情况下,单凭人多势众的群殴式作战,只会吃更多的苦头,很多人在所谓"圣战"中丢掉性命。八次十字军东征,大部分无功而返,只有一次攻入耶路撒冷,教皇很是没面子。

失败的结局只是十字军东征耻辱的一部分,他们沿途疯狂的烧杀抢掠行为,在历史的耻辱柱上留下的印记,显然比失败这个结局本身更深刻。贸然进入陌生的地界,又穷又饿,时常被凶悍的突厥人袭击,恶劣环境导致的孤独、恐惧再加上贪婪、欲望作祟,使得他们嗜血成性、见钱眼开——疯狂屠杀当地人,摔死哇哇大哭的孩子,强奸手无寸铁的妇女,并念念不忘搜刮财富。麻木与冷漠一路疯涨,当他们趟过齐脚踝的"血河"时,已经相当淡定,在他们眼里,杀死异教徒,夺回圣地,足以让他们在上帝面前扬眉吐气,至于上帝宣扬的种种宅心仁厚反倒成了边角料。

无意中撬动的财富杠杆

　　十字军东征野蛮并令人厌恶，并且也不完全是为了信仰而战，宗教旗帜下是热得烫手的世俗欲望，以至于有人把这场断续进行了 200 年的浩劫称为一场庞大而又复杂的冒险活动。这种以身家性命做赌注的远征探险是为了获得财富与家族荣誉，从而热热闹闹地衣锦还乡，财富的种子在这充满血腥的野蛮征战中也扎扎实实地种下。

　　再惨烈的战争，也不乏从中牟利的商人，十字军东征同样刺激着商业的繁荣。

　　凭借地理优势，意大利的威尼斯、热那亚、比萨等城市的大商人，在不断变化的战局中随机应变，开展大规模的商业贸易，将东方的丝绸、纺织品、珍宝、蔗糖等运到欧洲，这些以东方奢侈品为主的商业活动蕴藏着巨额利润，意大利商人大发横财。据称，一艘威尼斯单层甲板大帆船，把铁和木材从欧洲运到埃及，并从埃及运回丝绸和香料，一次往返就能获得 100% 的收益。

　　威尼斯、热那亚、比萨和其他意大利城市积极开展与基督教地区的贸易，几乎控制了所有经由海上的东方贸易，有些意大利商人甚至还出售作战物资。

　　意大利商人还利用战事建立了无关乎军事、政治变迁的贸易前哨据点，不管成王败寇，他们都能做生意，并征收赋税和关卡捐税。如1098 年，热那亚在十字军占领巴勒斯坦和叙利亚大片土地后，就向占领者请求获得在安提阿获的租让权，包括一个市场、一座教堂和 30 栋房屋。对于逐利的商人们来说，战争的结果并不重要，重要的是战争本身给他们带来了生意。

> 热那亚：早在古罗马建城之前，利古里亚人已经住在当地。它曾是罗马帝国的一个行政区，在罗马帝国灭亡之后，落入拜占庭手中，后来又相继被伦巴底人和法兰克人占领。公元 12 世纪—16 世纪，随热那亚籍十字军东征而逐渐繁荣起来，建立了一个独立而强盛的海洋共和国，并与威尼斯、比萨和阿马尔菲齐名。热那亚共和国从今日的热那亚向外伸展，直到今日的利古里亚及皮埃蒙特。到 19 世纪初期，拿破仑的扩张使热那亚共和国变成法兰西帝国的一部分。1815 年，根据《维也纳条约》，除科西嘉岛以外的热那亚共和国领土都被割让给萨丁尼亚王国，并稍后随着萨丁尼亚王国统一意大利半岛，成为意大利联邦的一部分。

十字军东征在为人类带来灾难的同时，也使得交通更为便利，城市间乃至国际间的商业更为繁荣，这催生了适应新型商业贸易的金融业，货币、银行业、信贷等有了进一步的发展甚至出现了蜕变。

罗马教皇以无价的信仰的名义将汹涌的人群煽动到战场上去，但仅有宗教的狂热与信仰远远不足以支撑这场耗时的大规模征战。作战同样需要大量的金钱，如士兵供给、设备费用以及士兵在被占领区使用的钱币等。除了基本的军需费用，还要支付一定的酬劳以换取战俘。骤然增加的财政需求，改变了欧洲国家单一的财政结构，并促进了黄金作为货币的流通。

不管是大败而归，还是偶尔的小胜，被战争折磨得疲惫不堪的战士们都不愿空着手回家，他们将大量的战利品或者购买的阿拉伯商品运回欧洲，黄金也被用来支付以获得这些商品。

　　货币的价值越来越受到人们的重视，连领主也改变了之前的旧观念，要求附庸和农奴支付货币代替之前的劳役。各国铸造的货币五花八门，为了方便不同国籍的商人进行贸易，还出现了专门的货币兑换商，热那亚、威尼斯、佛罗伦萨等重要的商业城市，都在集市上设有货币兑换柜台。

　　商业的急剧发展，加速了资本化进程。

　　1099 年，十字军东征刚取得一些进展，热那亚就成立了由当地重量级商人和资本家组成的名为"康帕尼亚"（Compagna）的组织，其性质类似法人组织。同时，一个新的职业——律师也开始出现，他们负责起草契约和其他商务文件，这为资本化提供了法律保证。

　　以公证人和契约作为保证，促进了资本的集合化，越来越多的人对融资感兴趣，他们把资本集合起来联合经营，资本的利用率大大提高。譬如在 11 世纪到 12 世纪，热那亚就出现了这样的事情：由合伙人各拿出部分资产以供海上航行，如果行动失败，各方需承担损失；如果成功，则按照之前约定的比例分成。

　　简单的资本联合很快衍生出更为复杂的资本化方式，即入股和商人钱庄。入股一般指的是对海船的投入，当时的海船多为大型船，仅凭一人或几人的资本实力很难支撑，就有人鼓励更多人将闲散积蓄投资进来，并将资本分成许多股份，人们根据自身投资数量占有不同的股份，股份还能转售、交换和偿还债务。

　　随着股份的发展，想要入股的人也越来越多，有些人连一股也买不起，索性联合起来一起购买，这又催生了新的汇聚款项方式，钱庄商人就此产生。一些小作坊里的工匠临时拿到的现钱、农民多年的积蓄以及领主的地产……诸多小额资金集中起来，交给一位钱庄商人，再由他出面资助某项航海贸易，这些零散的"小股东"从航海贸易的利润中获得回报，如果贸易失败，他们也自认倒霉，甘愿承担损失。大量看起来不成气候的小钱，以入股和钱庄商人为媒介，变成了活泛的大钱。

意大利城邦发行的"爱国债"

取消债券，就等于"砍了政府的头"

千万不要小看债券的杀伤力，如果真有某个一言九鼎的人脑子一热要取消债券，简直就等于"砍了政府的头"。

债券相当给力，不管是政府，还是其他大型组织，如果有人愿意购买其发行的债券，即使穷得不名一文，也会瞬间暴富。短时间内变得财大气粗的政府，可以用借来的钱支付战争开支、用于经济发展或者给人们发发福利。

债券：债券是政府、金融机构、工商企业等直接向社会借债筹措资金时，向投资者发行，承诺按一定利率支付利息并按约定条件偿还本金的债权债务凭证。债券的本质是债的证明书。债券购买者与发行者之间是一种债权债务关系，债券发行人即债务人，投资者（债券持有人）即债权人。债券是一种有价证券。由于债券的利息通常是事先确定的，所以债券是固定利息证券（定息证券）的一种。在金融市场发达的国家和地区，债券可以上市流通。

债券能够扮演的正面角色很多，当事者穷得濒临破产时可雪中送炭；即使光景好，能玩钱生钱的游戏，也是锦上添花的美事。看看现在各国政府，不管是光鲜亮丽，还是灰头土脸，哪个脸上不贴着一摞厚厚的借据？

政治家玩政治，也脱不了与债券的各种干系。不管政府、公司还是个人，能从别人口袋里掏钱，哪怕事先立下白纸黑字的各种字据，以保证在约定的某个期限内还钱，也证明人家有本事。如果政府三令五申乃至低声下气请求人们购买他们发行的债券，都没人愿意接茬，当政者就得反省了，到底是哪方面捅了大娄子，让他们"人品"太差没了信誉。

不过，借钱总是要还的，还得付利息，踩在借来的财富土壤上，手里攥着再多的钱，也有一种飘乎乎的不真实感。债券市场的神通广大，还表现在能以借贷成本影响政府决策。如果借贷成本过高，政府又债台高筑，政府的日子就悲催了。政府借债越多，财政赤字越厉害，人们认为债券掺的水分就越多，债券市场的反应就越"落井下石"——抛售增加，借贷成本再次增加。此时政府财政陷入两难，选择拖欠债务，就证实了其手头拮据的"绯闻"；选择咬牙还债，手头又没有多余的钱，只能拆了东墙补西墙，债券市场倒是给个笑脸，但由于削减了其他领域的财政支出，"受害者"又不乐意了，又可能会出现游行、罢工甚至弹劾这样的乱子。

美国前总统比尔·克林顿的竞选班子成员之一詹姆斯·卡维尔就因债券改变了他一直深藏在心底的理想，"我过去经常想，倘若果真有来生，我希望转世投胎做一回总统或是教皇，或者一名400码棒球击球手。但现在我想通过债券市场重生了，因为它能吓唬每一个人"。

意大利人发明了"爱国债"

意大利人不仅做生意了得，在金融创新上也很有一套。直到现在依然盛行的政府公债，就发源于意大利。

12 世纪之前，西欧盛行的还是私人借贷——以某种值钱物品或收入作为抵押，之后频繁的战争催生出了公债。那时候，意大利半岛上城邦遍地，城邦之间为领地、商业利益以及观念分歧等战争不断，如威尼斯与热那亚共和国在 1298 年到 1382 年 84 年间就进行了 4 次海战。

打仗是最烧钱的买卖，频繁的战争让意大利城邦的政府逐渐赤贫，单靠赋税远远不能满足巨额的军费需求。于是，政府想到了借债，即发行战争债券进行融资。

借债需要担保，政府拿出来的抵押品则是未来的税收，而投资人则是广泛和不确定的——公众。虽然是债务人，政府由于其统治的权威性，借起钱来也是理直气壮，直接把公债分摊到个人头上，而且美其名曰"爱国债"。政府给公债扣了个如此冠冕堂皇的理由，市民不得不买，若不然就背上了不爱国的骂名。

当然，公众购买国债除了慑于政府的权威，也有自己的考虑，毕竟"攘外才能安内"，政府没钱打仗或因为穷得叮当响被打败，他们的日子也不好过。为了自己的生命和财产安全，或多或少还有爱国主义的情绪夹杂其中，而且购买国债还能抵消一部分财产税，人们倒也乐意购买短期的"爱国债"。

不过，让人们郁闷的是，政府的借债如此绵绵无绝期。战争不断，发行债务来钱又快，政府借债上了瘾，不断发行更多的债券，短期债券堆积如山，而且还拖欠。时间久了，人们就有了怨言，认为这种短期的债务很不靠谱，并有了抵触情绪。各城邦的政府又有了新主意，把短期债券转化为长期债券，长期债券以股权证券的形式销售给购买者，而且这种债券还能自由交易。这样一来，政府就把利息和本金的支付压力分散到很多年，慢慢支付，政府的还债压力少了许多。意大利发行的长期公债被称作现代资产证券化、股票市场、债券市场及公众基金的鼻祖。

公债：指的是政府为筹措财政资金，凭其信誉按照一定程序向投资者出具的，承诺在一定时期支付利息和到期偿还本金的一种格式化的债权债务凭证。

不过，债券有风险，投资需谨慎。政府信誓旦旦地以信誉和未来税收作为担保，但战事无常，如果本城邦军队接连在战场上失利，政府发行的公债就会贬值，购买者不但拿不到原来期望的回报，还可能赔得很惨。15世纪末，威尼斯接连遭遇败仗，威尼斯政府发行的债券接连贬值，甚至到了崩盘的绝境。

意大利人对资本化的贡献在于，他们创造的"爱国债"很快从威尼斯、佛罗伦萨和热那亚等地传播到西欧其他国家，债券交易市场也逐步发展。1550年，期货和期权交易在比利时的安特卫普证券交易所、荷兰的阿姆斯特丹交易所出现。

西方崛起，不只因为"掠夺太多银子"

一旦弄巧成拙，货币会变成"负资本"

如果仅仅因为"掠夺太多银子"，一个国家就能迅速崛起，那么这个世界的逻辑真的是简单又暴力。真相，或许没那么简单。

很多人习惯于按教科书中所主张的在殖民掠夺史中寻找西方崛起的原因：西方国家是强盗，赤裸裸地掠夺别国尤其拉美国家的银子，才有了暴富以及后来崛起的奇迹。看起来顺理成章的"掠夺在先、发展在后"的国家发展逻辑，太过简单。

西方崛起，掠夺银子到底有没有用？

当然有用。按照现在流行的说法，这是创业的第一桶金，如果一穷二白，没钱、没市场也没技术，总之是一无所有，商业模式策划得再天马行空，也是一张废纸。西方国家掠夺的银子，即便不是西方崛起的全部家底，至少也是功不可没的。这第一桶金由于获得途径很"流氓"，以至于人们对此总是念念不忘并大加指责。

不过，"掠夺太多银子"只是一个前期铺垫，至于能不能以此成大业，就得看当事人的造化——是否玩得转"钱生钱"的游戏，有没有找到撬动资本的阿基米德支点。

一个国家，看它到底是真有钱还是假有钱，不在于它国库里堆了多少金子和银子，而在于其对"死财富"的资本化程度。千万别小看资本化，其对财富的稀释或膨胀作用，已经到了出神入化的地步。只要找到四通八达的金融网络这一支点，其强大的资本杠杆就能飞速转动，不但能将分散的财富在短时间内聚集起来，产生 1 加 1 大于 2 甚至大于 10 的效果，还懂得"穿越之术"，将未来的财富流一并打包进来。

中世纪的西班牙、葡萄牙"嗜血成性"，夜以继日地把金山银山往回拿，不但同时代的其他国家见了眼红，连阅读这些掠夺场景的后人也会血脉贲张，并暂时性失去理智地畅想起来：如此不辨道德是非的乱世时代，做不得大英雄，做一回江洋大盗也自在。

小小的葡萄牙，人口还不到 200 万，在 16 世纪竟然控制了半个地球的商业航线，垄断了香料、蔗糖、黑奴贸易，掠夺了大量殖民地的财富。

葡萄牙的探险者达·伽马刚到印度时，一个在当地居住的北非穆斯林就"很傻很天真"地告诉他们："你们真幸运，真幸运！这里的红宝石、绿宝石多得很，感谢造物主带你们来到如此富庶的国家。"经历过热病、坏血病、海浪风暴等多重灾难，达·伽马返回葡萄牙时狼狈得很，仅剩下不足三分之一的人和两条船，但他从印度带来的胡椒和肉桂的价值，是其远征总花费的 60 倍！可惜的是，大量财富都被葡萄牙的王公贵族们挥霍掉了，一个公爵奢侈到连每次举杯饮水，他的乐师就要为他奏乐致敬。

> 达·伽马：葡萄牙航海家，从欧洲绕好望角到印度航海路线的开拓者。生于葡萄牙锡尼什，卒于印度科钦。青年时代参加过葡萄牙与西班牙的战争，后到葡宫廷任职。1497年7月8日受葡萄牙国王派遣，率船从里斯本出发，寻找通向印度的海上航路。船经加那利群岛，绕好望角，经莫桑比克等地，于1498年5月20日到达印度西南部卡利卡特。同年秋离开印度，于1499年9月9日回到里斯本。伽马在1502年—1503年和1524年又两次到印度，后一次被任命为印度总督。伽马通航印度，促进了欧亚贸易的发展。在1869年苏伊士运河通航前，欧洲对印度洋沿岸各国和中国的贸易，主要通过这条航路。这条航路的通航也是葡萄牙和欧洲其他国家在亚洲从事殖民活动的开端。

葡萄牙通过海外掠夺富得流油，它的邻居西班牙看得百味杂陈。连年战争让西班牙穷得叮当响，海外探险只能吃些边角料，据说哥伦布的远航费用，还是伊莎贝拉女王变卖首饰凑起来的。女王变卖首饰的孤注一掷，的确让西班牙时运大变——他们发现了美洲大陆。在这块富饶的大陆上，他们直接掠夺印第安人的金银财富，通过种植甘蔗、烟草、可可、咖啡、棉花等大量受欧洲人欢迎的经济作物获取暴利，他们还挖掘了大量的金银，这比种植经济作物更过瘾。仅入侵拉丁美洲的300年间，西班牙就抢走了250万公斤黄金、1亿公斤白银。

> 哥伦布：意大利航海家，生于意大利热那亚，卒于西班牙巴利亚多利德。一生从事航海活动，先后移居葡萄牙和西班牙。他相信大地球形说，认为从欧洲西航可达东方的印度。在西班牙国王支持

下，先后 4 次出海远航（1492 年—1493 年，1493 年—1496 年，1498 年—1500 年，1502 年—1504 年）。开辟了横渡大西洋到美洲的航路，先后到达巴哈马群岛、古巴、海地、多米尼加、特立尼达等岛。在帕里亚湾南岸首次登上美洲大陆；考察了中美洲洪都拉斯到达连湾 2 000 多千米的海岸线；认识了巴拿马地峡；发现和利用了大西洋低纬度吹东风，较高纬度吹西风的风向变化。他证明了大地球形说的正确性。

然而，这些被受害国家世代诅咒的侵略者后来又怎么样呢？还不是见了一回浮华的花花世界，挥霍一遭下来，坐吃山空，最终黯淡下去。这些在探险者看来来之不易但在王公贵族看来信手拈来的财富，成为王公贵族们享乐的资本，不但没有变成活钱实现增值，还是消耗当权者进取心的糖衣炮弹。

货币也是祸水，也能摇身变为"负资本"。

"股份有限责任公司"是个大人物

论对外掠夺的暴力"资质"和"资历"，远在西班牙、葡萄牙之下的英国最终成为后起之秀，不但超越了西班牙、葡萄牙，连法国都甘拜下风。其中缘由，人们可以列出一箩筐，譬如统治者的个人英雄主义、民众的意识觉醒、海岛国家的贸易优势、政治制度的蜕变……相当重要的一点是，英国金融业蒸蒸日上，将"死财富"变成了无可限量的"活财富"。

英国四通八达的金融网络也不是一天建成的。

金融氛围很重要，英国看似奇葩一支的金融并非天赋异禀，而是孕育于欧洲温和湿润的资本化土壤。当英国于 16 世纪雄心勃勃在金融业上大展宏图时，已经结结实实站在欧洲强大的"钱生钱"能力的肩上了。之前，欧洲经历了相对漫长的金融化历程，从 13 世纪中期意大利城邦大胆发行"爱国债"，到意大利、法国、荷兰、德国等国已具备相对完善成熟的中央政府和地方政府公债市场，同时也出现了安特卫普证券交易所、荷兰的阿姆斯特丹交易所等专业的交易场所。不管是意大利、法国还是荷兰、德国、比利时，个个都是资本化高手，别人的财富、未来的收入统统能够以公债、证券化的形式，光明正大且合法地为己所用，财富的流通速度与范围大大增加。受欧洲资本化风气的熏陶，英国的金融业也枝繁叶茂。

英国真正的过人之处不在于"三人行必有我师"，在于其借鉴的灵活性，既长于模仿，还善于创新。

16 世纪，英国看到葡萄牙、西班牙、荷兰等国凭借天然的海上优势，其海外贸易如火如荼，自己也开始蠢蠢欲动。精明的伊丽莎白一世女王，不再冷眼旁观，决定加入海外贸易的行列。不过，当时摩拳擦掌的商人们，动起真格来就有些退缩了。由于航海技术欠缺，进行一场抵达东方的海外贸易，就是一场花了血本但输赢要靠天意的豪赌。到达中国、印度等东方国家，至少需要两年的时间，且途中风险因素过多，风暴、瘟疫、海盗、贸易战，无论哪一个因素，都有可能让整支船队遭受灭顶之灾，所有资本投入打了水漂。

伊丽莎白一世（Elizabeth I, 1533 年 9 月 7 日—1603 年 3 月 24 日）：于 1558 年 11 月 17 日至 1603 年 3 月 24 日任英格兰王国和爱尔兰女王，是都铎王朝的第五位也是最后一位君主。她终身未嫁，因被称为"童贞女王"。她即位时不但成功地保持了英格兰的统一，而且在经过近半个世纪的统治后，使英格兰成为欧洲最强大的国家之一。英格兰文化也在此期间达到了一个顶峰，涌现出了诸如莎士比亚、弗朗西斯·培根这样的著名人物。英国在北美的殖民地亦在此期间开始确立。在英国历史上在位时被称为"伊丽莎白时期"，亦称为"黄金时代"。

当然，豪赌就是豪赌，一旦赢了，一次贸易航行就能换来大笔白花花的银子，英国女王和商人们又不甘放弃。如何寻找一个既能降低投资风险，又能保证赌博顺利玩下去的策略？

聪明的商人们想到可以从民间集资，允许多个人入股，并且股东的责任是有限的，这打破了看起来天经地义的商业信誉规则——借债还钱，在某些特定的时刻，欠债不一定还钱，这就是"股份有限责任公司"的雏形。"股份有限责任公司"的出现，降低了对个人信用的依赖。不管你是普通老百姓、有钱的富人，还是整个家族，都有机会投资，而且他们也更愿意把自己辛辛苦苦赚的钱拿出来。首先他们不必拿出全部家当，其次他们承担的责任是有限的。而且一旦贸易成功，他们获得的回报远远比购买国债、吃利息要丰厚得多。"股份有限责任公司"将一场商业上的赌博游戏由高投入、高风险、高回报变成了低投入、高风险、高回报，受到怂恿的人们的确会动心，为何不赌一赌呢？而且，连伊丽莎白女王也参与进来，她给予这种特殊的公司以特许证，等于为公司贴上了国家信誉的标签。当然，伊丽莎白女王不是一味赐予恩惠的活菩萨，皇室能够以授予特许证的名义向商人征税。如此赚钱又不赔本的买卖，皇室也愿意一试。

> 股份有限责任公司：股份有限责任公司以自己的出资额为限对公司债务负责。同股份无限公司相比，有限公司的股东较少，许多国家公司法对有限公司的股东人数都有严格规定。如英、法等国规定，有限责任公司的股东人数应在 2 至 50 人之间，如果超过 50 人，必须向法院申请特许或转为股份有限公司。

此后英国先后出现过莫斯科公司（The Mscovy Company）、弗吉尼亚公司（The Virginia Company）、麻省公司（The Massachusetts Company）等多个股份有限责任公司，其中东印度公司名声最响，争议也最多。该公司有 80 名创始股东，被英国皇家授予 15 年贸易专利特许权，1600 年第一次扬帆出海就筹得高达 72 000 英镑的巨款。东印度公司在相当长时间内担任英国进行跨国贸易、经济扩张的先锋和主力角色，它甚至还有自己的雇佣军（最鼎盛时高达 30 万人），以备随时投入由商业战争演绎而来的血腥暴力冲突。

> 东印度公司（The Honourable East India Company）：又称不列颠东印度公司或英国东印度公司（British East India Company），简称 BEIC 或 HEIC，有时也被称为约翰公司（John Company），是一个股份公司。1600 年 12 月 31 日英格兰女王伊丽莎白一世授予该公司皇家特许状，给予它在印度贸易的特权而组成。实际上这个特许状给予"可敬的东印度公司"（The Honourable East India Company）

于东印度贸易的垄断权 21 年。随着时间的变迁，东印度公司从一个商业贸易企业变成印度的实际主宰者。在 1858 年被解除行政权力之前，它还获得了协助统治和军事职能。

以东印度公司为代表的"股份有限责任公司"，其民间财富资本化有着明显的特权色彩，这种特殊的组织形式既能够保证其钱袋子足够大，激发民间融资的积极性，也保证其对外战争的刀锋够利——国家赋予其特殊权力，拥有自己的武装力量。当时的英国人，无论是富人还是皇室，很是陶醉于独一无二的民间资本与皇室权力嫁接所带来的辉煌。18 世纪英国国务秘书就曾绘声绘色描述他们的强大与富庶："我们的船满载香料、油、酒归来，我们的房间摆满了金字塔的瓷器，装饰着来自日本的手工艺品；美洲的草药使我们的身体健康；我们躺在印度的帐篷中休息。"

棘手的战争债，照样借得风生水起

当然，英国的金融变革还不止这些。17 世纪，战争频繁，各国之间战火弥漫，不但拼军队素质，还得拼融资能力，谁能以最低的成本借到更多的钱，谁就有本事，谁就更有钱装备军队。频繁的战争让各国不堪重负，此时国家向百姓借贷打仗已是家常便饭。

打仗借债这种事，债主放起债来不是那么心甘情愿。一是借债的人不那么靠谱，只要国王开口，有钱必须借，何时归还视国王心情而定，约定好的利率也是国王一句话的事儿，堂堂一国之主照样赖账。二是战争不是用来开玩笑的，如果打一场败仗，或是场场都输得灰头土脸，政府再守信可能也还不起钱。借债人战战兢兢，担心这笔债说翻篇就翻篇了。同时，对于当权者来说，强取豪夺也不是长久之计，会引发公愤，一不留神统治位子都难保。

1688 年，"光荣革命"后，英国国王的权力受到限制，债不再是国王想借就能借、想赖就能赖的了，不过国王赖账的坏名声依然很"响"，人们对借债心有余悸，不愿意爽快地把钱借给国王。

> 光荣革命：1688 年，支持议会的辉格党人与部分托利党人废黜国王詹姆士二世，詹姆士二世的女婿威廉（时任荷兰奥兰治执政）被辅佐为新的国王，这就是著名的光荣革命。此次革命改变了英国的政权形态，确定了议会高于王权的政治原则，君主立宪制有了眉目，君权由神授变为民授。

借债越来越难，战争还在继续，英国王室的日子越来越不好过。正如经济学家告诉人们的，制度随着供求关系或经济发展需要的变化不断变化，战争前线资金告急，英国王室不得不在融资上下工夫。荷兰建立起英格兰银行，协助销售国债，为战争筹集资金。

为了避免政府滥用资金，提高银行信用，英格兰银行制定了周密的制度规则并严格执行。再有十万火急的事务，即便抬出天皇老子，英格兰银行也坚持信用与制度不容破坏。1811 年，英国财政部长拿着议会批准的军费批文，前往英格兰银行支取军费。银行规定，军费批文需要国王盖章，可怜的国王正在拉肚子，来不及盖章，前方又着急催款。审计长格伦威尔根本不听财政部长的什么国王身体有恙的解释，就以缺少国王印章为由拒绝了这笔军费支付。

依赖于英国王室、公爵、富人们对英格兰银行的支持①，以及英格兰银行的洁身自好和对自身信誉的重视，英格兰银行的信用越来越高，吸引了大批股东和投资者，且利率也低。英国政府因此筹集了大量军费，且支付的公债利息很低，如法国政府支付的公债利息就比英国高达两倍。正如迪克森所感叹："英格兰银行的成功被称为是一场金融革命，这场革命使人口只有法国的三分之一的英格兰能够在整个 18 世纪的战争中一次又一次地打败法国。"

此外，英格兰银行发行的银行券的大量流通，也完善了英国的纸币制度。在英国，除了金币与银币，英格兰银行等银行发行的银行券以及本票和境内票据，都成为公认的支付手段。

凭借日益发达的金融体系，英国"玩钱"的手段越来越灵活：政府信用债券化，且出现了信用较高的专业中介机构，使得政府融资更为得心应手；各种金融机构，如城镇银行、乡村银行、保险公司等不断涌现，盘活了分散在民间的大量财富；发达的金融网络，延伸出五花八门的金融衍生品，借据可以转让了，票据也能贴现，还有股市原始股认购……

> 银行券：银行发行的、用以代替商业票据的银行票据，一种信用货币。产生于货币执行支付手段的职能，以商业票据流通为基础。在商业票据未到期时，票据持有人因某种原因需将商业票据变为现款，就到银行去贴现。在银行没有现款支付给票据贴现人时，就用自己发行的票据（即银行券）代替私人商业票据。持票人凭

---

① 1707 年，遭到英格兰银行反对的东印度公司，试图对英格兰银行挤兑使其破产。东印度公司首先向英格兰银行提交了 30 万英镑的银行券，其后要求兑换成硬币，从而引发挤兑现象。当时的安妮女王、纽卡斯尔和马尔博罗的公爵们以及其他贵族们，及时伸出援手，提供了大笔款项，英格兰银行才得以成功平息挤兑风波。

银行券可以随时兑现。银行券具有黄金和信用双重保证，因而得以广泛使用。银行券的发行，不仅可以使银行能够超过其实有资本数量来扩大信用业务，而且可以满足商品生产发展引起的对货币的追加需求。

工业革命也得看资本的脸色

18 世纪下半叶，英国爆发工业革命，最先打开旧经济的缺口，其中英国的资本化所发挥的作用不可小觑。

工业革命也需要钱。凭借发达的金融网络，大量资本得以在最短的时间内聚集和流动，与技术、机器结合起来，创造出惊人的生产力。

以"民间融资、民间经营"模式存在的股份有限责任公司，也为工业革命做好了形式上的准备。随着成千上万个小工业主、小企业主对工业革命的推动，规模化创新和生产日益盛行，大公司时代呼啸而来。到 19 世纪，人们津津乐道的不再是曾经站在工业革命最前沿的"小公司"。1830 年 9 月 23 日，20 万人不顾瓢泼大雨走出家门，守候并见证世界上第一条公共铁路（从利物浦到曼彻斯特）的开通，足见大公司所掀起的时代波澜。铁路、运河、石油、海外贸易、大型工厂、冶金、石油……这些蕴藏着无数发财机会、需要大量资本但又存在高风险的行业，使得股份有限公司再次风光起来。股份公司告诉人们，这是一个绝佳的投资机会，一旦投资成功，你的投资会翻番，即使失败了，你也损失不了太多。

股份有限公司甚至还无心插柳地渗透到英国政治格局的博弈中。股份有限公司让更多的民间财富参与到财富增值的商业活动中，并产生了一批平民出身的有产阶层。这些挣钱不易的新贵,不甘心王室通过征税、借贷等随意掠夺他们的财富,他们开始有意识地借助议会限制王室的权力。经过英国大革命和光荣革命,王权得到削弱,议会权力增加,私有产权得到保护,经济贸易更为自由,新贵阶层力量越来越强,英国的政治格局也发生改变,这为英国未来的制度变革埋下了伏笔。

工业革命:又称产业革命,发源于英格兰中部地区,是指资本主义工业化的早期历程,即资本主义生产完成了从工场手工业向机器大工业过渡的阶段。工业革命是以机器取代人力,以大规模工厂化生产取代个体工场手工生产的一场生产与科技革命。由于机器的发明及运用成为这个时代的标志,因此历史学家称这个时代为"机器时代"(The Age of Machines)。18 世纪中叶,英国人瓦特改良蒸汽机之后,由一系列技术革命引起了从手工劳动向动力机器生产转变的重大飞跃。随后向英国乃至整个欧洲大陆传播,19 世纪传至北美。

参观胡雪岩故居后,前国务院总理朱镕基题词:"古云富不过三代,以红顶商人之老谋深算,竟不过十载。忘乎所以,有以致之,可不戒乎?"骄奢淫逸,从富可敌国的富贾到藏金万贯的国家,历史上从不缺乏这样的悲剧素材。

钱多是福是祸,没有定论。真正决定一个国家财富多寡的,并不在于老祖宗留下了多少家产,也不在于对外掠夺了多少银子,而在于是否存在一个良性运行的制度(包括资本化制度),将足够多的"死钱"变成无限多的"活钱"。

美国不"投机"，就没这么财大气粗

"投机"也是好东西

自由是个好东西，它能够为投机的"枝繁叶茂"提供温暖的土壤。美国相对自由的政治经济环境，使投机大行其道，如果少了投机，美国就不可能创造如此多的财富神话，就没有今天这么财大气粗。

尽管人们极其痛恨投机分子，尤其是经济危机发生时，投机分子往往第一个被钉在十字架上，不过投机未必是坏事。事实上，大部分人都对投机感兴趣，其区别无非在于是"大投"还是"小投"。即使在资本管制相对较多的中国，依然充满了无数个投机机会和无数个想要一夜暴富的投机主义者。

投机说白了，玩的就是高风险、高利润的游戏，参与其中的人首先要玩得起，既要赢得起，更要输得起，得有股愿赌服输的豪爽。如果过于在意小得小失，是谨慎理性的投资者，做不了投机分子，也挣不了投机的钱。

与葡萄牙、西班牙相比，英国资本化的征程，其投机的氛围更浓烈一些。不过，英国的投机还远未达到登峰造极的地步，美国的投机玩得更风生水起一些。

美国的"投机"主战场——股市

经济学家陈志武曾有过这样的论断："当年英国盛世靠的是它的海外商业贸易，而美国盛世靠的是它的科技创新。这两种特色的盛世所需要的金融支持也不同：前者需要的是债务、银行和保险，而后者需要的是以股票为代表的风险资本。这就是为什么美国比当年的英国更需要一个活跃、发达的股票交易和股权融资市场。"

与债务、银行和保险相比，美国发达的股票交易和股权融资市场的风险更高，收益也更高，更能吸引投资者。

股票市场从来就不是一个纯洁之地，总有无数个丑闻、内幕藏在各个角落伺机破坏其健康，并带来周期性的经济危机，而这些经济危机对某些孤注一掷的投资者所带来的伤害，会严重到让其倾家荡产的地步，但其散发出来的魅力同样势不可挡。

从微观上讲，美国很多企业的成长都得益于股市这块强有力的跳板。

美国资本市场在野蛮生长的同时，造就了一大批优秀而伟大的企业。为了研发奥利奥饼干，贝纳斯克出售了价值 3 000 万美元的股票募集资金，得到人们的热烈响应，从投资者、贵族到普通百姓纷纷购买，奥利奥饼干成功出炉。如今，奥利奥饼干依然风靡全世界。

美国钢铁公司的迅速扩张也要感谢股市，通过上市募得的资金，它吞并了 50 家企业，65% 的钢铁市场都得听它的。

美国钢铁公司：美国最大的钢铁垄断跨国公司。成立于1901年，由卡内基钢铁公司和联合钢铁公司等十几家企业合并而成。曾控制美国钢产量的65%。它先后吞并了50多家企业，依靠其雄厚的经济实力垄断了美国的钢铁市场和原料来源。总部设在匹兹堡。

此外，好时、箭牌、杜邦、波士顿银行、美国烟草、雪佛龙、美孚等多个知名企业，无不受益于股市。势不可挡的股市以及股权融资等资本市场的杠杆效应，轻而易举地改变了中国企业"不积跬步，无以至千里；不积小流，无以成江海"的渐进式生长规则，因搭上资本市场的快车，他们创造一飞冲天的奇迹，投资者也满载而归。

财务杠杆效应：指由于固定费用的存在而导致的，当某一财务变量以较小幅度变动时，另一相关变量会以较大幅度变动的现象。也就是指在企业运用负债筹资方式（如银行借款、发行债券）时所产生的普通股每股收益变动率大于息税前利润变动率的现象。

《中国企业家》前杂志主编牛文文说："市值是个好东西。它让企业和社会找到了最大的公约数。"一个企业，在做自我介绍的时候，不管它有多大，往往不会漏掉这两个问题：有多少资产，有多少市值。即使这个企业还没有上市，企业的领导者也愿意拿虚拟的市值作为衡量企业价值的标准。

在中国，我们同样看到了股市这个让人又爱又恨的资本化方式带给企业的蜕变。2009年11月，福布斯中国富豪榜在中国发布。榜单上的首富是比亚迪董事长王传福，身价高达58亿美元，折合人民币396亿元。而在 2008 年，他排名仅为 23 位，财富净值也只有 10.6 亿元。股市制造了无数王传福式的创富神话。倘若放在古代，即使是一呼百应的帝王，要想制造王传福这样的暴富传奇，也要掂量掂量匍匐在其脚下的黎民百姓是否存有足够的真金白银让他挥霍。

从宏观看，投机为美国在经济上称霸世界奠定了坚实的基础。美国的发财史并不仅仅因为美国人习惯借债，擅长投机，趁火打劫的技术一流。如果仅靠这些手段就能发财，美国的崛起史未免太浅薄了。美国的发展也有硬道理，那就是技术创新。谁都知道，技术创新是个烧钱的营生，美国发达的资本市场，为技术创新提供了强大的资金支持。更重要的是，一次又一次掀起的"投机潮"都是围绕技术创新进行的，人们对技术的吹捧，鼓励了更大范围的技术创新。

铁路、电话、钢铁、互联网以及现在以技术创新著称的苹果公司，都曾经或现在仍旧是资本市场的宠儿，这恰恰表达了人们对技术的疯狂崇拜。

奥利弗·埃文斯这个被称作美国天才的人，在 1813 年就憧憬："这样一个时代终将到来，人们会坐在蒸汽机牵引的车厢里，在城市之间往返旅行，就像飞鸟一样快……乘坐一列这样的火车，早晨从华盛顿出发，旅客们可以在巴尔的摩吃早餐，在费城吃午餐，当天晚上可在纽约享用晚餐……为了做到这一点，我们需要铺设两条双向铁轨，这样，两列火车可以相向而行，夜晚也可以行车。"① 随着英国工程师乔治·斯蒂芬森在曼彻斯特和利物浦修建第一条铁路，美国也掀起了铁路热潮。到 1835 年，美国已有 1 000 英里铁路，1840 年则高达 3 000 英里，1850 年已达到 1 万英里。人们从铁路获得的实惠越多，铁路证券就越发达，

---

① （美）戈登著，祁斌译，《伟大的博弈——华尔街金融帝国的崛起》，中信出版社，2005 年 1 月。

并成为华尔街的主要"投机品种"，到南北战争爆发时，铁路股票和债券已占到美国证券三分之一的份额。

1875 年，美国人贝尔发明了电话，并创立贝尔电话公司，后改名为美国电报电话公司（AT&T）。1891 年，AT&T 在美国上市，股票曾经如日中天。发明家爱迪生也因其天才式的发明而在股票市场获得巨大的财富回报。1878 年，爱迪生成立了爱迪生电气照明公司，先后发明了电灯泡、发电机，并于 1892 年与另外一家电力公司合并成立通用电气公司（GE）。1902 年，通用电气公司在纽约上市。

> 贝尔：亚历山大·贝尔为美国发明家和企业家。他获得了世界上第一台可用的电话机的专利权（发明者为意大利人安东尼奥·梅乌奇），创建了贝尔电话公司（AT&T 公司的前身），被世界誉为"电话之父"。

> 通用电气公司：世界上最大的多元化服务性公司，从飞机发动机、发电设备到金融服务，从医疗造影、电视节目到塑料，GE 公司致力于通过多项技术和服务创造更美好的生活。GE 在全世界 100 多个国家开展业务，在全球拥有员工近 300 000 人。杰夫·伊梅尔特先生自 2001 年 9 月 7 日起接替杰克·韦尔奇担任 GE 公司的董事长及首席执行官。
>
> 通用电气公司的历史可追溯到托马斯·爱迪生，他于 1878 年创立了爱迪生电灯公司。1892 年，爱迪生电灯公司和汤姆森－休斯敦电气公司合并，成立了通用电气公司（GE）。GE 是自道·琼斯工业指数 1896 年设立以来唯一至今仍在指数榜上的公司。

　　美国的资本市场自由、年轻蓬勃并处处充满了投机的气味，这让美国经济经历着比其他国家更为迅猛的繁荣，成就了美国经济、美国实业以及著名的街道——华尔街。每隔一段时期，华尔街的银行家们就会迎来一场他们数钱数到手软的大牛市。大大小小的牛市，让美国纽约这个曾经在相当长时间内默默无闻的小城市，在世界金融体系中一言九鼎，而位于纽约下城三一教堂旁的墓地和东河的，仅有 6 个狭窄街区的华尔街，更是成长为让任何人都不敢小觑的金融帝国。

　　同时，美国也经历着更为沉重甚至糟糕透顶的股市崩溃，这是投机带给他们的另一个"礼物"，也是对政府监管的考验。

　　尽管如此，美国投机的步伐不会停止，人们依然热衷于投机，如此生生不息，不断创造更加富有的未来。

第二章

伟大博弈

银行家们的大牛市是在灾难中炼成的

战争是银行家的大牛市

金融界的操盘高手，要想在金融市场中赢得漂亮，尤其是大出"一夜暴富"的风头，不仅需要博弈的智慧，还需要"天助我也"的运气，即那些转瞬即逝的千载难逢的历史性机遇。

这种机遇首先要有不确定性。如果每个角落里都弥漫着大牛市的气息，倒是每个人都赚了钱，但赚的大都是小钱，很难拉开强者与弱者的距离。不确定性越大，就越容易放大天堂与地狱之间的鸿沟，实力雄厚、投资技能娴熟的银行家们就越有施展的机会。机遇出现了，还要有一群不惜一切代价花钱的人们。不管是出于贪婪的欲望、尊严或者主权，总之是为了某个或圣洁或阴暗的理想（野心），人们得有破釜沉舟的架势，不惜一切代价地花钱。

看起来很残酷的战争，造成了无数家破人亡的悲剧，也造就了很多银行家的大牛市。

从不确定性上看，没有比战争更不靠谱的了。无论上帝、佛祖还是列祖列宗们，哪怕你手掌上的生命线一直延伸到手腕，也很难保佑你了，生命比一张纸还脆弱；一个炮弹打过来，家里的保险柜即便设了十道密码，照样"一命呜呼"。一旦硝烟弥漫，财富、生命以及战争的结局都是未卜之数。不确定性越大就越有投机性，银行家们在债券市场上就越有文章可做。

对于那些发动或参与战争的政治家们，为了主权、尊严感、民族情结，他们会背水一战，不管花多少钱，就是四处借钱也要把仗打下去。为了筹措昂贵的军费，政治家们在花光所有积蓄后，会选择向国际银行家们借款，这对于国际银行家们来说，的确是个惊险又刺激的"收获时刻"。

很多人，包括大部分银行家，对战争充满了恐惧，不过仍有少数银行家在战争中大发横财。这些银行家游走于政治与金融之间，拥有强大的金融与人脉网络，而这些人脉网络四通八达的程度甚至会超越一国的界限。如果有人告诉你，他做的是跨国生意，你的脑子也会不由自主地想：那肯定是一笔大买卖。

那些发灾难财的银行家们

19 世纪初，罗斯柴尔德家族已经在金融圈内名声渐起，成为法兰克福犹太人首富。这个家族极有远见地向世界上的关键金融中心伸出触角，老罗斯柴尔德的五个儿子——阿姆斯洛、所罗门、内森、卡尔和杰姆斯，分别驻守在法兰克福、维也纳、伦敦、那不勒斯和巴黎，建立了范围广泛的资本流动系统和情报收集系统，整个家族编织了一张密而不透的金融大网。

> 罗斯柴尔德家族（Rothschild Family）：罗斯柴尔德家族是欧洲乃至世界久负盛名的金融家族。19世纪初，出身德国的罗斯柴尔德家族，先在法兰克福、伦敦、巴黎、维也纳和那不勒斯建立了自己的银行产业链，而后伴随着资助威灵顿的军队、淘金、开发苏伊士运河、投资铁路、开发石油等事件，家族不断兴盛，并影响了整个欧洲乃至世界历史的发展。

对于罗斯柴尔德家族，战争可能会成为天大的喜讯。借助战争，他们迅速找到放大财富的方法。罗斯柴尔德家族大发战争财的故事很多，最为人们津津乐道的是其在滑铁卢一役中所展现出来的金融天赋与神机妙算。

1815年6月，滑铁卢战役已经到了生死攸关的时刻，不管是拿破仑还是英普联军都相当看重这场背水一战。如果拿破仑赢，那么法国将成为霸主；如果英普联军赢，大国均势的局面还会继续维持。拿破仑和英普联军各自拿出压箱底的本领，准备进行殊死战斗。

> 滑铁卢战役：1815年，在比利时的滑铁卢，拿破仑率领法军与英国、普鲁士联军展开激战，法军惨败。随后，拿破仑以退位结束了其政治生涯。"滑铁卢"一词被用来比喻惨痛的失败。

金融家们也在紧张地关注着滑铁卢的战况，因为有成千上万个投资者都在为这场历史性赌局投下赌注，赢家能赚得盆满钵盈，输家可能会输个倾家荡产。大家都在千方百计地打听战况，谁能在第一时间获得准确的战况，谁就能牢牢地掌握金融交易的主动权。幸运再次降到罗斯柴尔德家族头上，内森最先获知拿破仑战败的消息，他手下的交易员不顾一切地疯狂购买曾被看成是一堆垃圾的英国公债。仅仅 6 月 19 日这一天，内森就狂赚了 20 倍，甚至超过了拿破仑和威灵顿在几十年战争中获得的财富。

至于为何内森最先获知拿破仑战败的消息，有多个绘声绘色的版本：有人说是一个叫罗斯伍兹的罗斯柴尔德快信传递员亲眼目睹了战局，他先后骑上快马、跳上快船，于 6 月 19 日清晨到达英国福克斯顿的岸边，向亲自在那里等候的内森汇报，之后内森策马奔向伦敦股票交易所；还有人称是内森自己就站在离战场不远的山丘上，亲眼看到了拿破仑的狼狈与落魄，连夜漂洋过海赶到伦敦……

内森获得信息的过程已不再重要，重要的是内森不但大大地赚了一笔，还成为英国政府最大的债权人，并通过公债控制了英格兰银行。据说，内森一度嚣张地让英国当政者忍无可忍但又无可奈何，"我不在乎什么样的英格兰傀儡被放在王位上来统治这个庞大的日不落帝国。谁控制着大英帝国的货币供应，谁就控制了大英帝国，而这个人就是我！"

战争的动静越大，银行家们就越有利可图。第一次世界大战与第二次世界大战让银行家们赚足了银子。

枪支弹药、粮食、棉衣、棉被……庞大的军需开支，就像一个漩涡，不管有多少钱，都会被其不留情地卷进去。第一次世界大战的马恩河战役中，协约国一天就用掉了 20 万发炮弹。战前，英国曾做过国防预算，称大约需要 5 000 万英镑，但仗一打起来花起钱来就如同流水，每天的花费就高达 500 万英镑。一个国家国库再充盈，只要参加一场旷日持久的战争，一样被拖垮。要打赢战争，物资和金钱两手都要抓。

第一次世界大战拼的是钱和粮，虽然各参战国有军队和武器，但巨大的开支远远超出他们的负荷，为了硬着头皮打下去，他们只有借钱这一条路了。

兵荒马乱的年代，人人自危，富裕又可靠的债主很难找。参战国的财政部长们都在四处借钱，显然不能互相救济取暖，人们不约而同把目光瞄向了美国的华尔街——美国的表现的确不同凡响，第一次世界大战的噩耗传来，华尔街仅萎靡了一段时间，股票就开始大涨，太给力了。英国、法国等国亟需输血，华尔街的银行家们很乐意充当"救世主"的角色。大名鼎鼎的摩根银行，成为英国在美国的总采购代理，整个战争期间一共为英国采购了价值 30 亿美元的军需品。按照 1% 的手续费计算，摩根家族就赚了整整 3 000 万美元。在摩根家族的协助下，美国的军工业也迅速扩张，摩根银行当时的高级合伙人爱德华·斯特蒂纽斯甚至阴差阳错地被称为"美国军工业之父"。

1915 年 9 月，华尔街与英国谈成了一笔贷款的单子，金额超过 5 亿美元，巨大的数额远远超过了任何一家银行的融资能力，华尔街由此组成一个浩浩荡荡的融资团，有 61 家以上的承销团和 1507 家金融机构参与了推介。

华尔街银行家们获利的来源还不止采购物资和贷款。征税仅让英国筹了一半的资金，穷得实在没有办法的英国，只能割肉——出让美国国债。英国政府通过对美国国债利息征税的方法，迫使人们低价卖出美国债券，并让摩根公司在美国抛售这些在英国被贱卖的美国债券，美国投资者以实惠的价格购买了本国债券，而英国政府也"套现"30 亿美元。

第一次世界大战不但让美国以外的其他参战国满目疮痍，也让国际银行家们身价陡升，并改变了国际货币的格局，英镑的霸主地位越来越弱，美元有了"上位"的迹象。

第二次世界大战给了美国银行家发财的机会。美国一方面具备强大的生产与金融运作能力，另一方面免于战火侵扰，并有第二次世界大战这一"天赐良机"，大量世界财富以第二次世界大战为契机源源不断向美国涌去。

金融巨擘摩根集团在战争中长袖善舞，承接了大量军火生意，利用政治和权术达到经济上的目的。正是以摩根集团为首的军火商与金融商在炮火中的穿梭，才使美国人如此兴奋地宣布"为美国生产力干杯"。到 1945 年，美国拥有西方世界工业总产量的 60%，对外贸易总额的 1/3，到第二次世界大战结束时，美国生产力已达战前 1929 年的 250%。同盟国的大量黄金及存款也储存在美国本土，仅英国就有价值 18 亿美元的黄金和债券输送到美国及加拿大的银行，1945 年美国拥有世界 3/4 的黄金储备。

由于这些银行家们在整个世界都倒霉时却破天荒遇到了绝佳的"财运"，他们也因此遭遇没完没了的抢白，并被置于罪恶的十字架上。曾经不可一世的拿破仑在滑铁卢失利后认为他被银行家绑架了，"当一个政府依赖银行家的金钱时，掌握着局势的便是银行家，而不是政府的领导人，因为给钱的手始终高于拿钱的手。金钱没有祖国，金融家不知道何为爱国和高尚，他们的唯一目的就是获利。"

20 世纪二三十年代，狂热的左派分子甚至认为是银行家伙同"死亡商人"发动了第一次世界大战，他们的目的是兜售军火和为战争融资以从中牟利。

没有长眼的子弹，银行家们再"嗜血成性"，也不会贪婪到愿意以生命做赌注。当政治利益、民族情感再加上经济利益等多种复杂因素枝蔓交错地纠结在一起时，才会导致战争爆发。银行家们不过是赶上了一个最坏的光景，一个发财的"美好"时代。

有九条命的美联储

汉密尔顿的杀手锏："否决中央银行，政府就垮台"

作为美国的开国元勋，出生于平民之家，被约翰·亚当斯称为"苏格兰小贩的私生子"的亚历山大·汉密尔顿，是美联储的开山鼻祖。

独立战争期间，汉密尔顿就是乔治·华盛顿的有名幕僚，新联邦政府成立后，立下赫赫战功的汉密尔顿被任命为美国第一任财政部长。汉密尔顿出身贫寒，却是个执著的政治精英鼓吹者，认为必须建立中央集权的联邦政府，由强势政府主导美国经济发展。

亚历山大·汉密尔顿（Alexander Hamilton，1757 年 1 月 11 日—1804 年 7 月 12 日）：美国的开国元勋之一，宪法的起草人之一，财经专家，是美国的第一任财政部长。美国政党制度的创建者，在美国金融、财政和工业发展史上占有重要地位，因政党相争而决斗丧生。2006 年，汉密尔顿被美国的权威期刊《大西洋月刊》评为影响美国的 100 位人物第 5 名。

独立战争后的美国，同样面临着严重的经济危机和沉重债务，各州欠下一屁股债，还债让华盛顿等人焦头烂额。汉密尔顿认为，联邦政府应该接管和偿还各州欠下的债务，由于联邦政府也是一穷二白，他建议模仿英国的英格兰银行，成立由国会监管的合众国银行，履行发行货币的职责，并向美国政府提供贷款并收取利息，而且中央银行的性质是私有的，总部设在费城，在各地设立分支银行。唯有如此，才能最大限度地集中社会上有钱人的利益和财富。

不过，汉密尔顿的大胆提议，在以杰斐逊为代表的主张民主的人们看来，是极为大逆不道的，"如果美国人民最终让私有银行控制了国家的货币发行，那么这些银行将先是通过通货膨胀，然后是通货紧缩，来剥夺人民的财产，直到有一天早晨当他们的孩子们一觉醒来时，他们已经失去了他们的家园和他们父辈曾经开拓过的大陆。"

托马斯·杰斐逊（1743年—1826年）：美国政治家、思想家、哲学家、科学家、教育家，第三任美国总统。他是美国独立战争期间的主要领导人之一，1776年，作为一个包括约翰·亚当斯和本杰明·富兰克林在内的起草委员会的成员，起草了美国《独立宣言》。此后，他先后担任了美国第一任国务卿、第二任副总统和第三任总统。他在任期间保护农业，发展民族资本主义工业。他从法国手中购买路易斯安那州，使美国领土增加了近一倍。他被普遍视为美国历史上最杰出的总统之一，同华盛顿、林肯和罗斯福齐名。

通货膨胀：指在纸币流通条件下，因货币供给大于货币实际需求，也即现实购买力大于产出供给，导致货币贬值，而引起的一段时间内物价持续而普遍上涨的现象，其实质是社会总需求大于社会总供给（供远小于求）。过度发行纸币、含金量低的铸币、信用货币都会导致通货膨胀。

面对杰斐逊等人的激烈反对，汉密尔顿针锋相对，并搬出了宪法这顶大帽子，宪法第一条第八款规定，"国会拥有货币的铸造和价值厘定的权力"，"以合众国的信用借款"并"管制商业"。

汉密尔顿的提案交至国会时，侥幸以微弱多数优势通过。此时的华盛顿一方面被债务搅得寝食难安，另一方面也不敢贸然同意汉密尔顿的提案，他再次向当时的国务卿杰斐逊征求意见，杰斐逊毫不犹豫地否决了这项提案，尖锐地指出汉密尔顿的提案有违宪法，因为宪法虽然授权国会发行货币，但没有授权国会把发币权转让给私人银行。华盛顿又动摇了。汉密尔顿以十万火急的速度赶来游说华盛顿，称国会能够以发展经济的名义在河道设置灯塔，没人会给国会定下违宪的罪名，发放货币、处理公债也是为了发展经济，显然也不违宪。聪明的汉密尔顿在最后还不失时机地加了一句，如果不成立中央银行，政府可能就因为财政危机垮台。这句话戳到了华盛顿的痛处，美国人民流血牺牲好不容易打下来的江山，败在财政危机上，实在是不值。

1791年2月25日，美国第一个中央银行——美国第一合众国银行（First Bank of the United States），在总统华盛顿的签署授权下，正式在费城成立，有效期为20年，银行总股本为1 000万美元，私人占80%，其中还不乏来自英格兰银行、内森·罗斯柴尔德等的外国资本，联邦政府持有 20% 的股份。在 25 人组成的董事会中，20 人由私人股东推举，5 人由政府任命。

借助独家代理联邦财政的光环效应，合众国银行为联邦政府筹得了巨额资金，美国政府债务飙升。而且，合众国银行的股票受到投资者的吹捧，市值高达 1 000 万美元，这在当时是绝对牛的人气股。

合众国银行印钞票印得开心，联邦政府借钱借得如意，看起来是皆大欢喜的好事，唯有在当年合众国银行的反对者看来是一桩祸事，他们对政府借钱忧心忡忡，而某些股票投资者以合众国股票作为投机工具引发金融恐慌，则让他们觉得汉密尔顿的确是在胡闹——堂堂的国家金融机构，怎么能沦为赌徒的"玩偶"？但汉密尔顿似乎很容忍这些投机者、赌徒的无法无天。

1811 年，恰逢合众国银行营业权期满，杰斐逊派在国会中占了上风，要求关闭合众国银行。尽管总统詹姆斯·麦迪逊坚持续签银行许可证，国会仍不为所动。合众国银行关闭后的资产，由当时美国最有钱的斯蒂芬·吉拉德接管。看起来，似乎杰斐逊派取得了暂时的胜利。

> 斯蒂芬·吉拉德：1776 年从法国移民美国，因航运事业发家。1810 年前后成为美国首富，是伏尔泰、狄德罗、佩因和卢梭的追随者。1831 年去世时，吉拉德留下高达 650 万美元的资产。

杰克逊的墓志铭：我杀死了银行

1845 年 6 月 8 日，安德鲁·杰克逊逝世，这位美国总统的墓志铭上只有一句话："我杀死了银行。"

确切地说，安德鲁·杰克逊杀死了美国第二合众国银行。

安德鲁·杰克逊（Andrew Jackson, 1767 年 3 月 15 日—1845 年 6 月 8 日）：美国第七任总统（1829 年—1837 年）。首任佛罗里达州州长、新奥尔良之役战争英雄、民主党创建者之一，杰克逊式民主因他而得名。在美国政治史上，19 世纪 20 年代与 30 年代的第二党体系（Second Party System）以他为极端的象征。杰克逊始终被美国的专家学者评为美国最杰出的 10 位总统之一。

1812 年，美英战争爆发，美国财政又开始警号长鸣。此时，第一合众国银行已经"归西"，各个地方银行群龙无首，纸币泛滥，政府和银行信用越来越不值钱，愁眉苦脸的财政部长不得不向斯蒂芬·吉拉德借钱。火候已到，1815 年 12 月，麦迪逊总统趁机提出建立第二合众国银行，这下国会倒是学乖了不少，很爽快地批准了。

詹姆斯·麦迪逊（James Madison）（1751 年—1836 年）：1800 年成为杰斐逊的国务卿，并继杰斐逊之后成为总统，1808 年后连做两任。1812 年对英战争爆发，战争至著名的纽奥良之役，美国获胜，史称"麦迪逊先生的战争"。

1816 年，美国第二合众国银行诞生，总股本 3 500 万美元，私人拥有 80% 股份，美国政府拥有 20% 的股份，主要职能是发行纸币、代理国库，可跨州经营，总部仍设在费城，有效期还是 20 年。第二合众国银行刚成立时有些萎靡不振，不过在 1823 年被金融天才斯蒂芬·吉拉德接手后很快扭转颓势，成为当时美国独一无二的"大腕"银行。

遗憾的是，不幸再次降临了。第二合众国银行遇到了平民总统安德鲁·杰克逊。其实是否为平民出身倒还无关紧要，最关键的是安德鲁·杰克逊有债务阴影：由于当年他算错了一笔地产债务，致使其很"无辜"地替别人背上债务黑锅，而且这个案件历时达 10 年之久，被这笔债务拖得筋疲力尽的杰克逊对债务深恶痛绝。早年的阴影也影响到他任总统时对国债的看法，他认为美国政府的财政必须"清白干净"，应尽快还清国债，而第二合众国银行更应关门大吉。

在杰克逊眼中，银行家犹如一群毒蛇，通过鼓励和刺激投机取巧，把劳动的价值贬得一文不值，把民主和自由的环境搅得乌烟瘴气，也给了外国人操纵美国金融的机会。

凭借削减开支和提高关税，杰克逊成功地偿清了国债，第二合众国银行的权利也逐渐被削弱。杰克逊把政府存款从第二合众国银行取走，转存在各州银行。1836 年，杰克逊毫不犹豫地否决继续对第二合众国银行的授权延期，第二合众国银行成为宾夕法尼亚州银行。

第二合众国银行失宠，而那些被杰克逊"宠幸"的各州银行则高调起来，由于有了更多的存款，他们发行了更多的银行券，并以房地产为担保发放贷款。源源不断的银行券以及土地买卖狂潮的掀起，引起了猖獗的投机活动，连内阁成员和国会都卷入了，而这正是杰克逊对各州银行的"宠幸"引发的，更滑稽的是，杰克逊本人偏偏又最痛恨投机。

杰克逊不得不强制签署"购买土地必须用金币或银币"的命令，对投机活动踩急刹车，银行券的持有者争先恐后要求兑换金银铸币，金银储备不足的银行纷纷破产，大部分人都没逃脱这场劫难，很多人变得一无所有。美国的金融氛围骤然变天，连华尔街都尝到了杰克逊并非有意种下的苦果，政府收入锐减，杰克逊"政府不欠债"的乌托邦式政治理想最终化作泡影，美国进入大萧条时期。

美国资本市场最大的教训：必须有一个中央银行

尽管不断有人继承汉密尔顿的衣钵，要求恢复私人中央银行，但要么因为总统的坚决反对或犹豫，要么因为国会的强烈抵制，私人中央银行始终是水中月。

在相当长的时间内，中央银行缺席的美国成为几个经济强国中的异类。事实上，没有中央银行的美国，也有很多金融烦恼。作为一个国家的中央银行，具备调节货币供应、监督商业银行的职能。有经济危机爆发或出现金融恐慌时，中央银行能发挥最后贷款人的角色，力挽狂澜。

经济危机爆发或金融恐慌的前奏往往是疯狂的投机。不过，不要忘了，再贪婪的赌徒，后脑勺上也长着一只眼，只是有的时候这只眼会失灵，对时机把握不准。不过，有一点是确定的：人们玩得越大，就越提心吊胆，担心"花花世界"转瞬即逝，毫不在乎的表情和语气只是为了"耍酷"和壮胆。一旦发现经济势头不好的苗头，隐藏在疯狂的底线背后的恐惧就会大爆发，为了保住自己的财产，人们第一个念头往往是冲进金融市场，将债券和股票抛售，兑换为现金和黄金。随着债券贱卖、股市暴跌，人们的恐慌感加剧，觉得银行也不靠谱了，刚刚挤垮了债券交易市场又一拥而上到银行，要把存折上的抽象数字换成看得见、摸得着的存款。此时，银行也不能气定神闲，前来挤兑的人越来越多，现金存量飞流直下甚至一干二净。没钱的银行成了空架子，只得宣布暂时停业或破产。

银行遭遇十万火急的危机时，如果有外援可能就会扛过去，可是大环境不好，银行个个都是泥菩萨，连自保都难，谁才是"及时雨"？除了中央银行，恐怕谁也没有这么大的范儿。当商业银行被挤兑时，银行的经理们会一再安慰人们不要惊慌，告诉人们他们有多少笔大贷款明天就到期，只是任这些可怜的经理们喊破嗓子，失去理性的人们照样排长队要求提款。中央银行就不一样了，只要商业银行拿出稳定贷款组合的单子，他们就能为银行提供现金，帮助其解决燃眉之急。最糟糕的情况下，如果中央银行也没了现金，还可以关起门印钞，总之现金可以源源不断地输出。至于这豪爽的印钞会不会引发通胀，那是后话，先渡过难关再说。

中央银行缺位，美国也的确吃了不少大亏，1857 年、1873 年和1893 年的金融恐慌都造成了不小的破坏。如果有中央银行，美国遭遇的损失会少一些，甚至一些金融恐慌还能被消灭在萌芽状态中。

不过，人有的时候的确很擅长“好了伤疤忘了疼”，金融恐慌过后，又是一个浮华世界，之前的痛楚也被抛之脑后，这一点，连堂堂美国总统也不例外。直到 1907 年美国再次发生金融恐慌，罗斯福政府苦于无计可施，只得向私人银行家摩根求助，在摩根的协调下，华尔街实力雄厚的银行家们做了一回相当体面的英雄，恐慌得以遏制，经济并未陷入漫长的萧条与衰退。此次事件也让美国当政者意识到，中央银行不是祸水，而是保证美国经济健康发展的必要角色。整个美国终于承认，原来杰斐逊留下的金融思想的遗产并不是那么正确和灿烂。

1913 年，美国成立了第三任私人中央银行——美联储，总部设立在华盛顿，拥有 12 家地区分支机构，性质仍为私人。尤斯塔斯在《美联储的秘密》一书中披露了这家私人银行的股东：

股份发行总数为 203 053 股，其中花旗银行的前身纽约城市国家银行拥有 30 000 股，该银行由洛克菲勒和库恩雷波公司控制；第一国家银行拥有 15 000 股，为花旗银行的另一个前身，由摩根控制。1955 年，这两家银行合并成立，控制了美联储纽约银行近四分之一的股份。另外，纽约国家商业银行拥有 21 000 股；罗斯柴尔德家族担任董事的汉诺威银行拥有 10 200 股；大通银行拥有 6 000 股；汉华银行拥有 6 000 股。这六家银行共持有美联储纽约银行 40% 的股份。

对于美国政府与美联储的关系，诺贝尔奖得主、著名经济学家米尔顿·弗里德曼认为："联邦储备体系实际上是一个政府体系，但在名义上却将自己笼罩在私人拥有的地区银行的烟幕中。"政府不占有央行的股份，美联储法案里也无提及授权期限问题的讨论，这彻底断了反对私有中央银行的人试图"东山再起"的念想。

联邦储备银行是私人性质，不过联邦储备体系的理事会里的 7 名成员，都要总统提名，任命也需参议院同意。美联储的出现，是美国货币史上的标志性事件，它标志着美元霸权时代即将到来。

我们该不该为银行家们的贪婪说好话？

对银行家们贪婪的愤怒，一直在流行

披金戴银的银行家们，似乎从来就没有在公共舆论的道德审判台前抬起过头来。

他们独特的"铜臭"气质，浓郁的"贪婪"风格，使得人们对他们"没有最恨，只有更恨"。而且，不管是普通平民、政治家还是一天到晚对世事指手画脚的各类观察家们，都能指着他们的脑门破口大骂。

作为大腕银行家们高度聚集的中心地带——纽约华尔街，声名鹊起与臭名远昭基本上同时"驾到"。当年千方百计阻挠中央银行产生的托马斯·杰斐逊毫不客气地把华尔街称作"人类本性堕落的大阴沟"。1860 年，美国作家福勒说到很多人的心坎上："人们都认为华尔街是一个塞满不洁之鸟的笼子，那里人们的所作所为令人憎恶，他们进行了可怕的交易，靠榨取朋友和邻居的财富来养肥自己。"

一群贪婪到极致的人，不择手段的骗子，十恶不赦的投机者……银行家们个个都该千刀万剐。尤其是每一次经济危机或金融恐慌后，人们对银行家们的指责和痛斥就会达到白热化，不断有人绞尽脑汁寻找更符合他们贪婪身份的词语。

直到今天，人们对银行家的贪婪仍是深恶痛绝。

2008 年金融海啸爆发后，对银行家们的愤怒就一直是最流行的情绪表达。

一向绅士的英国人，给这些银行家们的高管职务取了很多诙谐又讽刺意味十足的绰号，首席执行官（CEO）成了"首席挪用官"（Chief Embezzlement Officer），首席财务官（CFO）变脸为"首席欺诈官"（Chief Fraud Officer），而股票分析师的身份也被恶搞为"让你的股票不断贬值的傻瓜"。

以严谨、谨慎著称的德国人也不淡定了，把银行家们看作"被喂得过多的肥猫"，当地不少媒体煽动人们对这些"可恶的肥猫们"进行声讨，"民众早已对金融城里肥猫们的肮脏收入痛恨不已，而现在，怨恨变成了彻底的敌意"。一旦"彻底的敌意"发酵，理智的德国人也开始非理性起来，也做出火烧银行家汽车、以石块投掷其豪宅的荒唐事来。

浪漫的法国人被失业、财产缩水逼得顾不得浪漫，变得咄咄逼人起来，尤其不能容忍政府对银行家的救赎，喊出"别救银行业！不救食利人！"这样义愤填膺的口号。

在美国，因为华尔街这条代表人性堕落的"大阴沟"，人们的愤怒与不满又有了升级。2011 年 9 月，去中东煽风点火的美国人，可能没想到他们的后院也起火了，不同肤色、不同性别、不同政治倾向的老百姓上街游行了，他们要"占领华尔街"，因为他们"99% 的大多数，不能再容忍那 1% 的贪婪和腐败"，而这 1% 的大富豪们就是那些从事金融业的富豪们。

"对资本讲道德，就像对妓女说贞操"

评论家牛刀有句话说得很绝，"对资本讲道德，就像对妓女讲贞操"，期待"银行家血液里流着道德的血液"，有些强人所难。贪婪本性难移，就是数以千万计的指责也无济于事，除非你天天拿着枪顶着他们的后脑勺。

贪婪让道德很没面子，但是如果单纯以贪婪区分"好人"与"恶棍"并不那么容易，因为很多看似光明正大的理想，也很难确保其纯洁得不掺杂一丝贪婪的杂质。

制造"庞氏骗局"的纳斯达克前主席伯纳德·麦道夫，把贪婪演绎得"炉火纯青"，经其之手的资金高达 500 亿美元。2009 年 7 月 14 日被收监入狱时，麦道夫成为狱友顶礼膜拜的对象。一位服刑者是这么回忆的："简直就像是总统驾临。直升机在头顶盘旋，狱警把监狱大门紧锁，让所有囚犯穿戴整齐。这时，一个拖着缓慢步伐的高血压骗子驾临了。"在监狱里，麦道夫对于未来漫长的 150 年的刑期耿耿于怀，"我只是骗了他们 20 年的积蓄，而我却付出了 150 年的代价。"他也不为自己的贪婪感到羞耻，反而大肆宣扬他这么做的合理性："人们都很愿意把钱交到我这里。如果我不要的话，他们的第一反应是——为什么？难道我不够资格吗？"

即使贪婪犯下了不可饶恕的错误，被贪婪驱使的人仍备受吹捧，并被赋予"伟大"等字眼和光环。

伯纳德·麦道夫：美国著名金融界经纪人，前纳斯达克主席，美国有史以来最大的诈骗案的主犯，2009 年 6 月 29 日被纽约联邦法院判处 150 年有期徒刑。

看来，人们并非永远对贪婪恨之入骨，甚至有的时候对贪婪油然产生崇敬之意。历史上多次发生的经济危机，不单单是银行家们这一群人的贪婪引起的，而是集体贪婪的后果。

银行家们的确很贪婪，他们充当的是先行者、幕后操作者和煽动者的角色，最关键的是，很多普通人都被他们的"甜言蜜语"说动了，他们一样动了贪婪的心思。泡沫即将破裂的前夕，人们也盲目乐观到极点，并不惜孤注一掷——救命的医药费、孩子上学的费用、长辈的养老钱统统搭进去了。

1927 年 5 月，美国飞行员林德博格驾驶飞机飞越大西洋，这种商业炒作形式，将人们的疯狂体现得淋漓尽致。当年 5 月 20 日，林德博格驾驶"圣路易斯精神号"从纽约出发穿越大西洋到达巴黎。法国人民举杯庆祝这一壮举。投资神经敏锐的美国人，早已在资本市场表达他们对技术的崇拜，千方百计寻找与"圣路易斯精神号"相关的投资机会。莱特公司为"圣路易斯精神号"提供了发动机，他们就炒作莱特公司的股票，莱特公司股票暴涨，一小时内竟上涨了 65 美元。

没有确切的证据表明，在被利润诱惑和盲目乐观面前，普通人与银行家们的贪婪哪个膨胀得更快一些，但可以确定的是：银行家们的贪婪引发了其他人的从众行为，从而导致了各种悲剧。当无度的贪婪导致真正的血雨腥风到来时，当人们面对财富蒸发的窘况时，会四处寻找导致危机发生的元凶，此时银行家们就成为他们发泄愤怒的靶子。这愤怒里，除了有从伸张正义的角度对他们疯狂、贪婪的指责，恐怕也有一些对他们昔日大把捞金的"羡慕嫉妒恨"。

在自由的市场中，贪婪所驱使的行为并非大逆不道。经济学鼻祖亚当·斯密在《国富论》论述这一点时就相当心平气和，"同行是冤家，即使是在以娱乐为目的的游戏中，人们也各自心怀鬼胎；他们互相沟通的目的，往往只是合谋来损坏公众的利益，或者设法哄抬价格。"

可怕的是，在一个完全自由的市场，我们看到的是一个不完美的世界，贪婪会失控，蔓延到无法无天的程度。尤其在资本市场，由于资本强大的杠杆作用，置身其中的各种角色又可能会为了自身利益牺牲整体利益，不惜一切代价制造有可能膨胀到无限大的泡沫，很容易引发金融灾难。再自由的市场，也需要监管者出场，制定理性的规则，规范经济行为，避免资本交易脱轨。

> 亚当·斯密：经济学的主要创立者。1776 年 3 月《国富论》出版后引起大众广泛的讨论，影响所及除了英国本地，连欧洲大陆和美洲也为之疯狂，因此世人尊称亚当·斯密为"现代经济学之父"和"自由企业的守护神"。

美国总统奥巴马曾痛心疾首地呼吁："我们需要那些求助的华尔街人士，表现出一点克制、一点纪律和一点责任感。"呼吁与道德谴责往往无济于事，即使只是要求那么一点克制、一点纪律和一点责任感，他们真正需要的是政府的监管与仲裁。

第三章

艰难蜕变

温和政权时代孕育出世界第一张纸币——交子

桑树叶里的金融乾坤

世界上最早的纸币——交子诞生在中国，而且诞生的朝代也不够生猛，只是素来被史书称为"弱宋"的北宋。

最初的交子由商人自由发行，功用为存款和取款凭据，而非货币。大约 10 世纪末期，商业繁荣的益州地区（今四川成都）出现了由私人印刷并发行的纸币。纸币主要由桑树叶纸——楮纸印刷而成，存款人把现金交给经营现钱业务的"交子铺户"，铺户把现金数额填写在用楮纸制作的卷面上并交由存款人，存款人以此提取现金并付给"交子铺户"一定的利息（一般为每贯付给铺户 30 文钱的利息），即保管费，而填写存款金额的楮纸券便称之为"交子"，"交子"是四川话中票证、票券之意。

交子铺户也是私人银行的雏形，具有极高的民间信用，他们必须保证存款人能在约定时间拿到约定存款。为提高信用度，交子铺户也在不断改良，如：由多个商人联合成立，以提高交子铺户安全指数；交子图案精致考究，避免他人伪造。

随着交子的使用越来越广泛，交子逐渐拥有了"流通手段"这一货币的基本职能，并具备了信用货币的品质。

交子的影响力越来越大，逐渐进入官方视野。

官方干涉民间交子，事出有因。不是所有的交子铺户都中规中矩，其中鱼龙混杂，一些唯利是图的交子铺户滥发交子、挪用存款，储户不满，引发了种种事端，这就为政府介入提供了合理的理由。

宋真宗景德年间（1004年—1007年），益州知州张咏开始整顿当地的交子铺户，并甄选16家商户特许经营，要求这16户必须严格管理交子的印制、发行以及运营，保证交子流通通畅。而且这16户还需"连保"，即"诸豪以时聚首，同用一色纸印造，印文用屋木人物，铺户押字，各自隐密题号，朱墨间错，以为私记，书填贯，不限多少。收入人户见钱便给交子。无远近行用，动及百万。街市交易，如将交子要取现钱，每贯割落三十分为利"。

宋仁宗天圣元年（1023年），中央政府设置"益州交子务"，准备金为36万贯，首次发行126万贯"官交子"，准备金率为28%。自此，世界上最早的纸币——交子，开始褪去民间草莽的外衣，以官方身份正式在货币史上出现，这比欧洲英国发行的官方纸币——英镑早了近600年。

"弱政权"里出交子

"汉唐宋明清五个朝代里，宋是最贫最弱的一环，专从政治制度上来看，也是最没有建树的一环。"这是历史学家钱穆对宋朝毫不留情的批评。

不过，就是这个看起来弱小又平庸的宋朝，产生了世界上第一张纸币——交子。并非上天眷顾宋朝给它砸下一个金融"大馅饼"，而是因为这个政治上软弱的王朝"弱"得别开生面，反而为经济繁荣提供了便利，并促成了金融信用的繁荣，交子的出现也就顺理成章了。

那时的商人脱胎于中国封建专制制度之下，不得不承认商人的"先天不足"——兴起时孤立无援，为求生存不得不向时代"谄媚"。在封建制度的"壳"里，要做商业之"道场"势必难上加难。当时，国家的政治目标是强国而非富国，更不是富民。"国家制度建立在意识形态的信念上，顶端要有强势的个人领导，令人印象深刻的全国性政府官僚机构。"一个"普天之下，莫非王土"的官本位社会，必然使商业只能游走于缺乏商业规则的困境里。商人是否受到政治制度的压制，决定了商业经济的伸展程度。

宋朝是个相对温和的政权，几乎没有出现血气方刚的皇帝，对外如少数民族多采取怀柔政策，一旦遭遇强大外敌入侵，也多委曲求全；对内也比较温和开明，很少大开杀戒，改朝换代时也没有出现诸如"血洗某城"这样耸人听闻的杀戮故事。

从宋朝的政治制度看，独特的三权分立制与官、职、差遣三相分立制，造成了一定的权力真空，有利于商业经济的自由发展。

开国皇帝宋太祖一改之前皇帝授权下的宰相管理体制，实施皇帝统治下的三权分立，将之前宰相掌握的行政、军政、财政三大权力分开，形成中书省（管理政事）、枢密院（管理军事）和三司（管理财政），这三个部门由皇帝控制，这样就削弱了宰相的权力，皇权得到加强。

官、职、差遣三相分立具体指的是，以"官"来确定官位高低、俸禄多少，但不是衡量权力的标准；"职"为荣誉称号，是个花架子，也无法以此来判断某位官员是否有实权；"差遣"为官员实际担任的职务，决定其权力与责任的大小。

皇帝虽是天子，但也只是一个凡人，没有三头六臂，不可能顾及所有的事务。花哨的三相分立，导致官员的权、责、利不清，且又慑于皇帝的权威，也就多一事不如少一事，索性不作为。

政府对经济活动的干预越少，经济就越活跃。

除了减少干预，宋朝还出台了一些有利于经济发展的政策，如打破了居民区与商业区的界限，居民可以自由开店；取消宵禁制度，人们可以在夜间自由出入门户活动；降低了集市的门槛，大量"见不得阳光"的"草市"、"墟"得以重见天日；放松价格管制，等等。

此外，宋朝官僚体制庞大，且官员俸禄高。同时，政府财政还供养着大量募兵，募兵收入也比较高，这就形成了以官员和募兵为主的新消费阶层，他们具有较强的消费能力，形成了对商品尤其是奢侈品的有效需求，这也在一定程度上促进了宋朝商业的繁荣。

> 募兵：募兵是战国中期以后出现的一种新型军队。募兵与传统的征兵不同，征兵是依法服兵役制度，这是公民对国家应尽的义务。募兵是国家用金钱和其他物质报酬雇佣的军队，是"赁市佣而战"的雇佣兵。募兵与国家是契约关系，有钱则战，无钱则散。

名画《清明上河图》成为宋代商业发达最有代表性的写真。傅衣凌在书中如此描述宋朝完善的工商体系：

"举凡大商业所需要的许多配备和机构，差不多都一一完成了。详言之，在商人中，出现了坐贾、客商、牙侩等，各产业部门都有他们在活动。大规模的联号组织也已出现。随着商业的发达，为了便利大商业的进行，像货币金融及其他的辅助机关——塌房、廊房、堆垛场、柜房、钱铺、金银铺、兑房、寄附铺、交引铺等机构，以及商业经营上所必要的簿记、商用数字、珠算等，亦无不出现于这一时期，较之同时代的欧洲商业有极大的进步。"

> 傅衣凌：中国历史学家，中国社会经济史学主要奠基者之一，原名家麟，笔名休休生，福建福州人。

在宋朝，出现了以交易为目的的农业与手工业生产，也有了全国范围内的长途贩运，大量商业行会出现，形成了一个较为活跃的阶层——商人，并产生了诸如汴州这样的商业中心城市。

宋朝的益州地区商业经济发达，工商业的赋税甚至超过了农业。同时，益州地区还面临着通货紧缩的窘况，铜钱稀缺，铁钱价值低又重，使用起来极为不方便；且四川地区多是崎岖的山路，使得人们对轻便货币的需求大大增加，携带轻便的交子便"隆重登场"了。

然而，带来商业便利的纸币，也隐藏着货币的祸害——通货膨胀。对此，美国经济学家肯尼斯·罗格夫有一段精辟论证："中国人首先使用纸币，但由此又产生了麻烦，他们过于频繁地使用印刷纸币的技术印了太多的钱，但实际上不值那么多钱，由此产生的结果就是通货膨胀，甚至出现了 1 000% 以上的通货膨胀。出现了几次，当然是 10 个世纪以前，我想他们解决的办法就是烧掉这些纸钱和印这个钱的机器，因为通货膨胀而十分懊恼。"

肯尼斯·罗格夫（Kenneth Rogoff）：美国哈佛大学经济学教授，曾任国际货币基金组织（IMF）首席经济学家。

由于滥发交子，宋朝多次发生恶性通货膨胀，到南宋末年，纸币比南宋初年贬值了 20 万亿倍，纸币成为宋朝灭亡的催化剂。

金本位风靡全球时，中国却是最大的"白银帝国"

白银帝国

1799 年，这个被称作巨人出没的年份，88 岁的乾隆在紫禁城养心殿寿终正寝。乾隆驾崩后 15 天，大贪官和珅被嘉庆皇帝赐死，和家被抄家产包括 8 000 顷土地，130 座银行当铺，3 万余两黄金，300 余万两白银，财产总价值高达 2.23 亿两白银。

到 19 世纪，在广东一个看起来并不带多少富贵相的尖脸瘦小的南方男人伍秉鉴（又名伍浩官），被西方人评为中国首富。一位长期在广州居住的美国商人亨特对其财富的评估是："1834 年，有一次，浩官对他的各种田产、房屋、店铺、银号及运往英美的货物等财产估计了一下，共约 2600 万银元。"

和珅与伍秉鉴属于中国不同时代、不同类型的"首富"，而人们对其财富的评估用的既不是黄金、英镑更不是美元，而是白银。那个时代，中国是最大的"白银帝国"，实施的是银本位制，只有白银才是真正的货币单位，才能真正衡量一个人财富的多寡。

银本位制：是以白银为本位货币的货币制度，包括银两本位、银币本位两种形态。银两本位是以白银重量"两"为价格标准，实行银块流通。银币本位则是国家规定白银为货币金属，并要求铸成一定形状、重量和成色的银币；银币可以自由铸造和自由熔化；银行券可以自由兑换银币或白银；银币和白银可自由输出或输入，以保证外汇市场的稳定。

从汉唐开始，白银在中国就很受欢迎。黄金固然令人着迷，但在中国黄金属于稀缺资源，且大量黄金又被用作装饰品与工艺品，剩下的寥寥无几，这使得黄金的货币功能大大受限。铜钱倒是一直流行，从人们对守财奴的"一身铜臭"的形容可见一斑。但铜的数量过多，铜钱价值很低，如果支付大笔买卖，商家光串铜钱就要耗费大量时日与体力，影响正常的交易。密度、厚度、数量适中的白银，逐渐成为中国货币市场上的主角。

晚清时期，无能的清政府频频签订丧权辱国的各种五花八门的条约，不是割地就是赔款，赔的可都是白花花的银子，这些银子主要是从明朝时期开始大量积累的。

明初，尽管开国皇帝朱元璋三令五申实施"禁银令"，发行纸钞票"大明通行宝钞"，但白银对商业贸易的影响已"润物细无声"，民间使用白银之势也是暗波涌动，认为与白银撇清关系的纸钞相当不靠谱。而且，中央政府能够"无法无天"地发行"宝钞"，必然会陷入滥发"宝钞"的贪婪中，"宝钞"不断滥发，人们更不愿意使用。到 1436 年，明英宗朱祁镇废除禁银令，白银再次上位。

明朝大量积累白银始于明政府尝试打破闭关锁国的状况。

在相当长时间内，明朝"北修长城，南禁海贸"，把自己结结实实扮成一个密不透风的大木桶，与世界隔绝，追求"男耕女织"的自得境界。正如保罗·肯尼迪在《大国的兴衰》中所描述的："郑和的大战船被搁置朽烂，尽管有种种机会向海外召唤，但中国还是决定转过身去背对世界。"

> 保罗·肯尼迪：英格兰人，曾获牛津大学博士学位，皇家历史学会会长。现为美国耶鲁大学历史学教授，重点研究和讲授当代战略和国际关系，是多所大学的客座研究员和客座教授，荣膺迪尔沃恩称号。曾撰写和编辑过10本有关海军史、帝国主义、英德关系、战略和外交等方面的著作。

直到1567，嘉靖皇帝驾崩，新帝明穆宗登基，改元"隆庆"，海禁政策才有所缓和。明穆宗批准了福建巡抚都御史涂泽民的奏折——"请开海禁，准贩东西二洋"，扬帆东来的欧洲商人终于有机会与中国商人互通有无。

来自中国的贸易产品如生丝、天鹅绒、绫绢、绸缎、丝织品、麻织品、珠宝、工艺品、钢铁锡铅制品、硝石、火药、食品、棉布等，不但工艺精湛、质量优良，且由于中国劳动力丰富、成本低廉，因而中国产品以质优价廉享誉欧美和日本市场。东南沿海的海外贸易逐步出现繁荣迹象，"于是五方之贾，熙熙水国，刳艅艎，分市东西路（东西洋），其捆载珍奇，故异物不足述，而所贸金钱，岁无虑数十万，公私并赖，其殆天子之南库也"。[1]

---

[1] 《东西洋考》周起元序。

中国在海外获得了广阔的日用消费品输出市场，随着中国产品源源不断地输出，大量白银流入中国。有些学者估计，美洲白银总产量的三分之一到一半都流入了中国。[①] 此外，还有一些流入欧洲的美洲白银流入中国。仅 1631 年一年，菲律宾就输入澳门白银 1400 万两，这是明朝 30 年鼎盛期内中国官银矿总产量的 2.1 倍。此外，日本也给中国"送"来了不少白银，尽管官方严禁对外贸易，但挡不住走私贸易的兴盛，使得不少日本白银进入中国。

有些学者推算，从隆庆元年（1567 年）到大明帝国灭亡（1644 年）的 78 年间，海外贸易为中国带来了 3 亿 3 千万两白银。[②]

除了贸易，套汇业务也成为白银流入中国的重要渠道。明朝中晚期，中、日和欧洲金银比率存在较大差价，中国金银比价为 1:5.5～7，日本为 1:12～13，欧洲为 1:10.6～15.5，[③] 不少玩金银汇率的高手，将日本、美洲白银拿到中国换取黄金，获利匪浅。

> 套汇：指利用不同外汇市场的外汇差价，在某一外汇市场上买进某种货币，同时在另一外汇市场上卖出该种货币，以赚取利润。在套汇中由于涉及的外汇市场多少不同，分为两角套汇、三角套汇和多角套汇。

源源不断流入中国的白银，不仅为中国积累了大量的财富，而且也促进了银本位的确立。

---

① 沙丁、杨典求等，《中国和拉丁美洲关系简史》，第 70 页，河南人民出版社，1986 年。
② 王裕巽，《明代白银国内开采与国外流入数额试考》。
③ 全汉升，《明代中叶后澳门的海外贸易》，香港中文大学《中国文化研究所学报》第 5 卷第 1 期；查尔斯·P. 金德尔伯格，《西欧金融史》，第 38 页。

不管是黄金还是白银，老祖宗都没给中国留下这方面的灿烂遗产。譬如，我国的银矿品质委实不怎么样，明代银矿含银量仅在 0.003% ～12.5% 之间，而同期秘鲁波托西银矿含银量已经骄傲地高达 50% 了。通过海外贸易这一平台，白银源源不绝流入中国，弥补了白银"先天不足"的遗憾，这为白银成为主要的流通货币埋下了伏笔。

在货币需求上，社会对稳定通货的需求也是望眼欲穿。急剧扩张的出口贸易，带动了东南沿海地区的经济繁荣，并产生联动效应，促进了北方和内陆的发展。商业越发达，对货币的需求量就越大，就更需要信用高、稳定性强的货币。"宝钞"已被证明很"衰"，铜钱也不稳定，明朝政府擅长滥铸劣币、大钱，并通过收取高额"铸息"搜刮民脂民膏，如此一来，铜钱还真是窜出一股"铜臭"味来。

比来比去，数量比黄金丰富且在民间树立了相当威望的白银，最有可能成为硬通货的"候选人"。

万历九年（1581 年），首辅张居正实施财政税收制度改革，在全国全面推行"一条鞭法"，即一切赋税、徭役统一折银缴纳，这意味着中国货币财政制度——银本位制最终确立。

> 张居正（1525 年—1582 年）：汉族人，祖籍湖广江陵（今属湖北），字叔大，少名张白圭，又称张江陵，号太岳，谥号"文忠"，明代政治家、改革家，中国历史上优秀的内阁首辅之一，明代最伟大的政治家。

清朝的银子

中国老太太攒钱买房的故事与美国老太太贷款买房的故事，在很长一段时间内成为很多人旁征博引，证明中国金融理念老套的一个直观又朴实的证据。的确，中国人很爱存钱。地主老财们往往会趁着风高月黑把银元宝成罐成罐地藏在地窖中，也经常有一些实心眼的农民把多年的积蓄藏在牛槽里，直到被无辜又不知情的牛吃掉，酿成捶胸顿足的悲剧。

银本位制的确立，使得人们更愿意把银子看作相当值钱的货币，也就更热衷于攒银子。从国外流入中国的银子，被大量储存起来，很少再有流出的机会。一位在菲律宾生活的西班牙传教士，就把中国形容为"守财奴"，"中国可以说是世界上最强盛的国家，我们甚至可以称它为全世界的宝藏，因为银子流到那里以后便不再流出，有如永久被监禁在牢狱中那样……"到明朝末年，已经出现了家产达到数十万两的大商人。

经过一系列暴力征服，满人入关，开始了延续268年的大清帝国时期。朝代更替，并没有改变中国的货币制度，白银仍然稳稳当当地坐在货币的第一把交椅上。人们也不改爱存钱的习惯，不管商人、官员还是老百姓，都愿意把银子存起来，以求千代万代富贵。

除了存银子，清朝同样延续了明朝的贸易顺差，这是清朝成为比明朝更火的"白银帝国"的一个相当重要的原因。1685年，康熙皇帝正式宣布取消持续了20多年的海禁政策，海外贸易正式拉开帷幕，中国大量商品如茶叶、丝绸和瓷器等，源源不断运输到西方，为中国带来无数白银。这一点，东印度公司就感触很深。1689年，东印度公司悄悄进入中国做生意。不过，东印度公司很快发现，它很难在中国复制其在其他国家的辉煌。在对中贸易中，它始终处于被动。东印度公司运到中国的主要商品是毛织品，然而工业革命胜利的产物在中国竟然被传统的织布机打得落花流水，很少有中国人对"洋布"感兴趣，毛织品的滞销，让东印度公司吐了不少血，平均每年亏损10万到20多万银两。

> 贸易顺差：指在特定年度一国出口贸易总额大于进口贸易总额，又称"出超"。表示该国当年对外贸易处于有利地位。贸易顺差的大小在很大程度上反映一国在特定年份对外贸易活动状况。通常情况下，一国不宜长期大量出现对外贸易顺差，因为此举很容易引起与有关贸易伙伴国的摩擦。

东印度公司做毛织品的生意很不顺手，做中国茶的生意倒是出人意料地顺利。被欧洲人诙谐地称作无酒精饮料的中国茶，在西方国家很是风靡，这让东印度公司赚了不少银子，不但弥补了之前毛织品生意的亏损，每年还有40万到100多万两白银的利润。除了茶叶，丝绸和瓷器在西方市场同样是畅销品，大有打遍天下无敌手的霸气。巨大的贸易顺差为中国带来白花花的银子。1781年—1790年期间，有1640万两白银流入中国，1800年—1810年则达到2600万两。[①]

后来的事实证明，一个国家一旦在制度上出了娄子，即使家财万贯，照样岌岌可危。回头看，之前的繁华盛世，倒像是一场虚无缥缈的春梦。

---

① 数据来源：吴晓波，《浩荡两千年》，中信出版社，2012年1月。

越来越多的白银流入中国，这让西方世界很不爽，他们绞尽脑汁寻找突破口。没想到，强大的"白银帝国"竟然败在不起眼的罂粟手中，不但毁了名声，还破了大财。

清朝政府深知鸦片害人不浅，三令五申要求禁止销售和吸食鸦片。东印度公司就玩阴的，通过走私将大量鸦片输入中国。东印度公司在公开的航运指令中表现得大义凛然，严禁贩运鸦片，但私下里招徕了不少帮助其走私的机构，参与走私的人也是三教九流，有一线的鸦片贩子、黑道人物、洋行商人甚至政府官员。

里应外合之下，非法的鸦片贸易迅速蔓延，其流入中国的速度远远超过中国商品流出国外的速度。从 1790 年到 1838 年，东印度公司输入中国的鸦片总量高达 40 多万箱①。东印度公司贩卖鸦片发了大财，其他国家也纷纷加入贩卖鸦片的行列。白银净流入的局面发生逆转。仅 1831 年到 1833 年期间，就有将近 1 000 万两白银从中国流出，以英国为代表的西方国家，成功在中国银本位的货币制度上打开了一个致命缺口。

白银骤减，银本位被撼动，随之而来的是沉重的灾难，政府财政收入减少，人民生活更加困难，社会矛盾激化，帝国摇摇欲坠。

---

① 数据来源：宋鸿兵，《货币战争 3：金融高边疆》，中华工商联合出版社，2011 年 1 月。

民国政府的现代金融乌托邦

7年的陈账，终于被孔祥熙算了

　　金融乌托邦，听起来还有几分浪漫的味道，但蒋介石实施起来就多了一股匪气，其中不乏大量的勒索、绑架和清算。

　　1928年12月，东北易帜后，蒋介石宣布一党治国，形成一党独裁的局面，并开始整顿国内混乱的金融秩序。

　　北洋政府时期，国内的金融秩序已经一团糟，连个统一的货币都没有，金块、银元宝、"袁大头"以及其他五花八门的银元，轮番在市场上流通，而且兑换标准也是乱七八糟，这让人们对这个混乱的世道更加失望，生活也变得更加困窘。

　　乱世之下，国民党政府要做一回枭雄，开始统一中国的货币制度。

　　1928年7月，国民政府召开全国财经会议，确定以银元为基本单位，最终实现金本位制的改革方案。

　　金本位制：就是以黄金为本位币的货币制度。在金本位制下，每单位的货币价值等同于若干重量的黄金（即货币含金量）；当不同国家使用金本位时，国家之间的汇率由它们各自货币的含金量之比——铸币平价（Mint Parity）来决定。金本位制于19世纪中期开始盛行。在历史上，曾有过三种形式的金本位制：金币本位制、金块本位制、金汇兑本位制。其中，金币本位制是最典型的形式。

　　控制货币首先要有自己的银行，而且银行还得是全国的老大，这样国民政府发行的货币才硬气，才能控制全国的钱袋子。光有独步天下的银行还不够，还要让全天下的银行都要对国民政府的铁血统治俯首帖耳。

　　1928年10月，中央银行成立。一开始，蒋介石并不想另起炉灶成立什么劳什子中央银行，他早就看准了中国银行，中国银行人财兼备，如果能不费力气地拿来一用，那该多过瘾。可是，中国银行也是牛气哄哄的，根本不吃国民政府那一套。

　　中国银行的确来头不小，其前身就是盛宣怀创建的大清帝国中央银行大清银行。大清银行的后台也很硬，洋方有已强势的日本，中方有买办世家席家。辛亥革命后，大清银行改组为中国银行，席家在中国银行的势力越来越强，席家的洋背景更加复杂，与英国系、法国系、美国系、比利时系等多家外国银行都有关联。中国银行根脉深厚，使得中国银行在清末和北洋军阀时期都扮演中央银行的角色。

　　盛宣怀（1844年—1916年）：江苏武进人，字杏荪、幼勖，号次沂、补楼，清末官员，官办商人，中国近代著名的政治家、企业家和慈善家。

除了中国银行背后错综复杂的关系，中国银行另一个大股东张公权也竭力反对国民政府鸠占鹊巢。迫于这些压力，蒋介石只得作罢，另外成立了中央银行，并把小舅子宋子文安排到第一任总裁的位置上。虽然在这次交锋中，中国银行占得上风，但从此也与国民政府结下了梁子，为孔祥熙 1935 年清算中国银行埋下了伏笔。事实上，1935 年对于其他民营银行也是个多事之年，这一年孔祥熙不但狙击了中国银行，其他民营银行也被打了个七零八落，最终被国民政府收编。

> 张公权：即张嘉璈，公权是字，江苏宝山人，1889 年出生在上海宝山县的一个大家庭，毕业于东京庆应大学，属当时的银行家、实业家。

> 孔祥熙（1880 年—1967 年）：字庸之，号子渊，出生于山西省太谷县一个亦商亦儒的家庭，中华民国南京国民政府行政院长兼财政部长，长期主理国民政府财政，主要政绩包括改革中国币制、建设中国银行体系、加大国家对资本市场的控制等。

国民政府千方百计把民营金融机构纳入国家体系，一方面是源于国民政府推动的计划经济模式和国家主义。这一经济模式来源于孙中山，《孙氏全集》中曾这样描述："如欲救其弊，只有将一切大公司组织归诸国人民公有之一法，故在吾之国际发展实业计划，拟将一概工业组成一极大公司，归诸中国人民公有。"当时的民营资本已经有些起色，国民政府希望他们能明事理，站到国家主义的队伍中。

另一方面，国民政府拼命从各大民营银行搜刮油水，这些银行也不是省油的灯，对国民政府也不是那么唯命是从，也会造出一些阳奉阴违甚至公然反抗的事端来，这让国民政府很不爽。譬如被国民政府用来做"吸血触角"的公债，就很让各银行反感。尽管很多时候银行敢怒不敢言，但有的时候银行家们损失过于惨重，也会提出新的条件甚至反抗。如中国银行的张公权，就曾经私自减少公债储备，从 1931 年 12 月到 1934 年 12 月，减持了近 5 000 万公债。如果银行变为国民政府自家的，那就可以为所欲为了，完全不必考虑这些恼人的银行家的脸色。

直到 1935 年 3 月之前，私人银行家仍牢牢控制着中国金融业，大约有 90% 的资产被上海银行同业公会的成员掌握，其中中国银行和交通银行实力最强，资产分别高达 9. 75 亿元和 4. 25 亿元，政府仅在这两家银行中占有 20% 的股份。

经营权把持在私人银行家手中，蒋介石如鲠在喉，而国民政府的财政赤字政策也经常受到以张公权为首的私人银行家们的指责和抵制，他们不断呼吁金融界改变策略。张公权成为国民政府的眼中钉、肉中刺，到了不拔不快的地步。蒋介石曾专门致电当时的财政部长孔祥熙："国家社会濒于破产，关键乃中交两行，若不断然矫正，革命绝望而民生亦被中交两行中断。"

孔祥熙联合"国舅"宋子文和黑社会老大杜月笙，商讨扳倒张公权的策略。

1935 年 2 月 13 日，杜月笙发请柬邀请上海商界大佬商讨应对经济危机的策略，黑社会头子的邀请，谁也不好驳他的面子，张公权等人悉数到场。孔祥熙以政府代表身份出席，突然提议由中央银行、中国银行和交通银行组成"三行小组"，为上海实业界提供贷款援助。张公权也不知孔祥熙的葫芦里卖的什么药，只能按兵不动，暂且答应。3 月 9

日，各方人士作出决议，以中国银行为首的援助团将提供 500 万元的无抵押贷款和 1 亿元的抵押贷款。3 月 20 日，孔祥熙还装模作样地表示，政府将发行 1 亿元的公债。然而，孔祥熙很快出尔反尔，表示 1 亿元公债不再用作救济工商业者，而是分别以 2 500 万元和 1 000 万元用来购买中国银行和交通银行的股票，3 000 万元用作中央银行资本，剩余 3 500 万元被政府用来还债。

中国银行和交通银行就这样稀里糊涂地被孔祥熙算计了，政府成为这两家银行的控股大股东。中国银行被改制，宋子文任董事长和总经理，原来的董事长李铭和张公权则被免职，尽管其他股东怨声载道，但都被孔祥熙、宋子文和杜月笙使用各种手段摆平了，宋子文、宋子良兄弟和杜月笙还成功挤进董事会。虽然张公权是个金融奇才，但面对国民政府的流氓和强盗行径，再周密的金融思维也束手无策。

中国银行和交通银行"沦陷"后不久，孔祥熙又施用挤兑伎俩，将中国通商银行、四明商业储蓄银行和中国实业银行一一拿下，自此金融界再无与国民政府对抗的实力，中国的金融格局发生了翻天覆地的变化，国有资本在全国银行中的资产比例达到 72.8%。

1935 年法币改革

密谋收编各大民营银行后，国民政府又紧锣密鼓地进行货币改革。

1931 年，国民政府废除了厘金制度；1933 年，取消银两单位制，并成立票据交换所，以进行银行间的账目结算。国民政府终结了历时近百年的银本位制，促使政府最终进行货币改革的导火索还要从美国的罗斯福新政说起。

厘金：19世纪中叶至20世纪30年代中国国内贸易征税制度之一。最初是地方筹集饷需的方法，又名捐厘。

受困于经济大萧条，英、日、奥等国先后放弃金本位制，实施货币贬值。1933年4月，罗斯福临危受命成为美国总统，实施了一系列国家干预政策，包括暂时放弃金本位制并通过《白银收购法案》，授权美国财政部在国内外市场收购白银。"罗斯福新政"导致世界市场白银价格大幅上涨，从1932年的每盎司0.27美元飙升到1935年的0.67美元。

白银价格飞涨，迫使中国货币升值，削弱了中国商品在国际市场上的价格优势，出口锐减，极大伤害了已经风雨飘摇的中国经济：中国商品的净出口从1931年的14.17亿元降到5.35亿元，棉纱出口从1929年的34万担降到1935年的24万担，生丝从42万担降到18万担，茶叶从94万担降到63万担。[①]

国外市场萎缩，中国企业的生存更为艰难，倒闭风潮愈刮愈猛。到1933年10月，上海面粉厂全部停止营业，全国30家橡胶厂中也有近60%倒闭。1934年，仅上海一地就有254家商业企业倒闭，1935年则高达469家。

白银值钱了，还导致中国的大量白银外泄。各国不断在白银交易市场收购白银，尤其是美国政府，中国白银源源不断地流入国际交易市场。1934年，在短短3个月时间内就有2亿银元流出。据称，仅1934年8月21日这一天，汇丰银行就通过英国邮船"拉浦伦号"从上海运

---

① 数据来源：吴晓波，《跌荡一百年》，中信出版社，2009年1月。

出白银 1150 万元。

美国记者霍塞在《出卖上海滩》中记载了抢购白银的风潮：霞飞路上，夜半时的舞厅里，上海先生会向陪坐的舞女道一声歉，走到电话间去给他的经纪人打个电话，问一问当天的白银行情，关照他如果行情比昨天好一些，可以再卖出一些，然后再回到自己的桌旁，叫西崽开一瓶香槟来庆祝一下子。不论在公事房中或在玩笑场中，他们的脑袋里边盘旋着的无非是银子。他们已抛弃了所有的事业，抛弃了日常应该料理的函件，抛弃了一切的朋友，终日所想到的无非是银子。

曾经的白银帝国被白银价格暴涨折磨得疲倦不堪，为摆脱经济危机，实现币值稳定，国民政府决定放弃银本位制，实施币制改革。币制改革的消息很快通过小道消息和官方消息传到西方国家耳朵里。这时的日本在中国已经很嚣张，认为中国是它的"盘中餐"了，希望能在中国一手遮天，货币政策也不例外。美国倒是能够制衡日本，但它素来走明哲保身的路数，先观望一段时间，等到日本实力消耗得差不多了，再来个渔翁得利。英国也很积极，甚至要求召开国际金融会议，讨论对中国政府的援助，但没人响应，又派政府首席财政顾问李慈·罗斯以货币改革顾问的身份来到中国。在李慈·罗斯的指导下，国民党拿出了货币改革的方案。

1935 年 11 月，法币改革正式拉开帷幕。

法币改革的主要内容有：实现货币的统一发行权，中央、中国、交通三家银行拥有印钞权，它们自 1935 年 11 月 4 日起所发行的钞票为"法币"，其他银行不得私自印刷钞票；规定了法币的功能，完粮纳税以及一切公司款项的收付都需使用法币；废除银本位制，禁止白银流通，公私机关以及个人银币或生银等，需在 3 个月内上交管理纸币发行的准备管理委员会或其他指定银行兑换法币；确定法币与英镑、美元挂钩，实现外汇本位，其中法币 1 元兑换英镑 1 先令 2 便士。同时，中央、中国、交通三行可无限制买卖外汇。

1935 年的法币改革终结了中国的银本位制度，使得中国货币制度最终与白银决裂，这就避免了中国货币被白银稀缺牵制的尴尬，为经济的发展提供了相对稳定的金融环境。同时，中国实现了纸币的统一，改善了货币发行混乱不堪的局面。

不过，仓促进行的法币改革也留下了不少后遗症：法币割裂了与白银的联系，但自身并没有锚，印多少法币、印多少面额的法币全是国民政府说了算，权力烙印过重，难免走向恶性通货膨胀的极端。同时，法币先后与英镑、美元挂钩，损害了法币本身的独立性，很容易受制于英镑和美元。法币刻意讨好英镑、美元，这让日本很不爽，间接成为促使中日战争全面爆发的金融因素。

后来的结局证明，国民党政府的金融乌托邦始终只是"镜中花，水中月"。法币改革后不久，中日战争全面爆发，经济遭到极大破坏，军费开支剧增，国民政府开始无原则地印钞，恶性通货膨胀不可避免。对此，米尔顿·弗里德曼专门评论："如果蒋介石政权能够避免通货膨胀，并更好地管理金融和货币政策，将通货膨胀保持在一位数或较低的两位数范围之内，或是美国在 20 世纪 30 年代采取了不同的白银政策，那么，中国今天将会是一种完全不同的社会可能性极高。"

共和国金融的曲折蜕化

解放军进得了上海，人民币进不了上海？

国民党政府搞的金融乌托邦最终只是南柯一梦，连蒋介石自己都狼狈逃到台湾，其发行的货币也就成了一张废纸。中国共产党执政后，当然不会使用国民党政府遗留下来的"金融余毒"，重新建立了一套金融体系，并有了人民币。

1948 年，中国人民银行在河北省石家庄市成立，南汉宸任总经理，同时发行了第一版人民币。第一版人民币共印制了 12 种面额、62 种版别，面值从 1 元到 5 万元不等，种类之多、跨度之大至今都难以超越。

南汉宸（1895 年—1967 年）：山西赵城人，中华人民共和国政府官员，中国人民银行首任行长。

虽有政权庇佑，金融基础薄弱的人民币仍然很脆弱，为避免人民币被国外货币和国内别有用心的投机分子攻击，保证人民币顺利流通，政府作出如下规定：禁止金银流通，由国家银行统一办理金银买卖与兑换，私人买卖和计价行使属于违法行为；禁止外币在市场上流通，取缔金融自由市场，以免美国利用黄金操控中国金融；一切外汇收支、国际结算均由中国银行办理；禁止人民币出境，严禁国家货币出入国境。

人民币是人民的货币，人民举双手赞成，但部分投机者并不这样认为。新的金融体系必然会损害他们的部分利益，为捍卫自己的利益，他们不会乖乖束手就擒。战场上，可以用枪杆子说话，金融的较量，仅靠冲锋枪远远不够，还需要缜密的金融策略，当然，适当的时候也不能放弃武力。

作为纸币，人民币流通中最容易遇到的问题是通货膨胀。民国时代就是金融家乐土的上海，是金融界和商界的藏龙卧虎之地，也是藏污纳垢之地，很容易发生事端。1949 年的上海，货币市场投机不断，局面一团糟。

1949 年 5 月 27 日，上海解放当天，政府就颁布公告，称人民币将成为新的货币计算单位，其与金圆券的兑换比例为 1：100 000。此时，金圆券已经形同废纸，一听说可以兑换，人们争相兑换，很快兑换工作就完成了，据说装运金圆券的汽车从外滩沿九江路排到了四川路。金圆券收得痛快，人民币就没那么潇洒地进入上海市场了。

长期的恶性通货膨胀，使上海市民早对纸币心有余悸，认为不管什么纸币都没有保存实物来得保险。抓住人们的这一心理，投机商们开始大炒特炒银元。在短短 10 天时间内，银元的价格就涨了两倍。银元价格上涨，也把物价哄抬上去，大米、棉纱等物品的价格也随之猛涨。有些商店也顾不得政府之前颁布的公告，纷纷以银元标价，拒绝使用新货币。

人民币东冲西突，却在上海市场外打转转。军事管制委员会一狠心，抛售出 10 万银元，但很快被不差钱的投机分子吃进，银元价格仍然居高不下。如果长期耗下去，上海物价不稳势必会影响全国物价，也会影响人民币的声誉。

软的不行，就来硬的。陈云与陈毅商量是时候采取军事行动了。6月10日，淞沪警备区司令员宋时轮带领军警端了投机分子的老巢——位于汉口路422号的上海证券大楼，共有234人被当场扣押移送至人民法院。同时，各地的证券交易场所也被关闭，银元炒卖活动戛然而止，人民币最终还是靠枪杆子攻入了上海。

> 银元：俗称"袁大头"或"孙大头"，是民国期间铸造的两种银元，分别印有袁世凯和孙中山的头像。

人民币的大合与大开

新中国成立后，随着计划经济体制形成，中国的金融业也开始走向大一统的局面。

1954年至1955年期间，中国人民银行与商业部、财政部协商，由中国银行统一办理贷款与资金往来，信用集于国家银行一身。

"大跃进"时期，人们忙着"跑步进入社会主义"，着迷于"10年可以赶上英国，再有10年可以赶上美国"，各地掀起大办工业热潮，其中轰轰烈烈的全民炼钢运动成为当时的一道奇景。盲目乐观和冒进的经济战略，造成财政紧张，从1958年到1960年，财政赤字高达170亿元，银行信用失控，接连出现失误，人民币的供应量也从1957年的52亿元增加到1961年的125.7亿元。

到了"文化大革命"时期，武斗、批斗不断，这场政治运动几乎切断了中国的经济命脉，金融业务也处于极度混乱中，甚至银行业做出鼓励无息存款这样的荒唐事，认为利息属于不劳而获，为剥削的重罪。1967 年 1 月，中国人民银行实行军管。1971 年，中国人民银行并入了财政部。直到 1977 年，银行才开始恢复秩序，正常运转。

1978 年，党的十一届三中全会召开，中国经济开始看到了光明。改革盘活了沉睡的中国经济，也调动了现代经济的各种元素，邓小平决定把重建银行体系摆在与其他民生问题同样重要的位置，中国金融体系的改革正式启动。

1978 年 1 月，中国人民银行正式脱离财政部；1979 年 2 月，重建中国农业银行；1979 年 3 月，中国银行正式从中国人民银行中独立；1979 年 8 月，中国建设银行从财政部分离，负责固定资产投资贷款业务；1984 年 1 月，中国工商银行成立，负责工商信贷和储蓄业务。中国人民银行专门承担国家中央银行的职能。

银行改革改变了之前中国人民银行大包大揽的局面，出现了不同分工的银行，中国货币政策进入正常轨道，而人民币这股看不见、摸不着的洪流，也摆脱之前浓厚的政治色彩，有了更为合理的流动节奏和速度。

中国的金融发展一波三折，人民币汇率同样经历了重重考验。

新中国成立初期，中国经济面临内外交困的不利局面。国内通货膨胀严重，而国外物价稳定甚至出现紧缩，两相作用致使人民币汇率飘忽不定，与美元的兑换比例一度从 1949 年 3 月份的 600∶1 降低到 1950 年的 42 000∶1，人民币贬值高达 98% 以上。这恐怕是迄今为止人民币贬值最厉害的阶段，一年时间，人民币变得一文不值了。为医治战争创伤、发展经济，中国政府进行了一系列大刀阔斧的变革，高度集中的计划经济体制很快稳定了中国经济。1953 年，人民币改头换面，按 1 万元旧

币折 1 元新币进行兑换，人民币汇率被牢牢钉在那里，长期保持在
2. 4618∶1。在人们看来，人民币相当值钱，但事实上人民币远没有那么
强的购买力，人民币被高估了。经过一段时间的经济发展黄金时期，中
国经济便陷入泥沼。从 1958 年到 1978 年的 20 年间，中国城镇居民人
均收入增长不超过 4 元，农民不超过 2.6 元。经济不景气，人民币的购
买力在国际市场上很难达到 2.4618∶1 这样的购买力。

使用人民币在国外购买商品，单换汇成本就高达 6 块多。币值被高
估，吃苦头的是出口，出口越多，亏损就越大，直到 1978 年这种情况
才得以改变。

1979 年 3 月，国家外汇管理局成立。人民币汇率该走向何方，如
何调整，中国一直在摸着石头过河。1981 年，国务院决定实施两种汇
价制度，保留官方牌价用作非贸易外汇结算价，同时制定贸易外汇内部
结算价，这就是汇率双轨制（又称双重汇率制）。由此企业的出口创汇
被分成两部分，一部分按官方汇价缴纳国家，定价较低，其余部分可自
由售出或用于进口商品。实施汇率双轨制，客观上增加了我国的外汇储
备，平衡了贸易收支。

不过，汇率双轨制也有缺陷，汇率之间价格差别过大，银行规定的
汇率与调剂市场上的不一致，同时大部分外汇需求从外汇调剂市场取
得，为外汇交易黑市的滋生提供了条件。一时间，倒卖外币成风，越来
越多的人加入，给中国的外汇市场带来了混乱。

朱总理的铁腕政策

改革开放初期的金融改革只是搭了个架子，还有很多细节甚至大的

框架还需继任者不断完善与修改。中国金融体系的完善也是摸着石头过河，每一次金融体系的完善，往往源于某个或某些令人不安的经济现象的出现。

1993年，各省铆足了劲要"大干快上"，争着在GDP增长曲线上抢个头彩。中央坐不住了，提醒各省"加速发展，又要注意稳妥，避免损失，特别要避免大的损失"，然而各省根本不理中央的那一套，个个"脸不红，心不跳"地辩解："我们不热"，"连某某省都不热，我们更不热"，"我们这里连温度都没有"……

发展经济需要钱，钱从哪里来？除了中央就是银行，显然从当地的银行拿钱要容易得多。各大银行的钱如洪水般汹涌流出，人民银行拦都拦不住。天量货币流出，导致通货膨胀，中央政府不能再作壁上观，时任国家副总理的朱镕基出台了多项铁腕政策，有效控制了通货膨胀，对之后的金融体系改革也影响深远。

地方银行发放信贷发红了眼，几乎到了无法无天的地步，中国人民银行连续颁发七次指示，他们都熟视无睹。朱镕基干脆亲自任中国人民银行行长，提出了著名的以禁止乱拆借为主的"十六条"，并严惩金融体系的贪腐违纪行为。中国农业银行衡水中心支行行长赵金荣被拘留[1]，集资规模大到无法无天的沈太福被枪毙[2]，国家科委副主任因受贿被判20年徒刑……

7月份，在各大银行行长会议上，朱镕基措辞严厉，要求他们必须

---

[1] 1994年4月1日，中国农业银行衡水中心支行行长赵金荣等人越权非法开出200张不可撤销、可转让的总金额为100亿美元的备用信用证，交给两个在美国纽约注册公司的骗子。

[2] 1993年初，长城机电技术开发公司老总沈太福以节能概念新技术为幌子，开展疯狂集资，在全国设立了20多个分公司和100多个分支机构，雇用职员3 000多人，集资金额高达10亿元，铺天盖地的集资风暴引起国务院副总理朱镕基的高度关注，认为其既扰乱金融秩序又腐蚀党的干部。同年4月8日，沈太福依法被执行枪决。

在 40 天内收回计划外的全部贷款和拆借资金，"自己不勤政，又不廉政，吃吃喝喝，乱批条子，任人唯亲，到处搞关系，把国家财产不当一回事，你还坐在讲台上面作报告，下面能不骂你？更不会照你说的去做。你也不敢处理一个人，就只能搞点福利主义，给大家发点奖金，形成一种庸俗的机关作风，这要害死人的。"会开完后，各大行长马不停蹄赶回去催还贷款，客户百般求情他们也不肯留一点情面，他们说："我通融你，朱总理非把我的头砍了。"

朱镕基趁热打铁，又开展了对中国人民银行的改革。1993 年 12 月 25 日，国务院公布《关于金融体制改革的决定》，提出中国人民银行的职能必须"有所为，有所不为"：停止向财政部透支与借款，也不能直接认购、包销国债及其他政府债券，这切断了地方政府、高干或高干子弟等官员或官商的借"粮"渠道；切断固定资产政策性贷款与基础货币的联系，中央银行不能增加基础货币投放补充固定资产投资与企业资本金的资金缺口，以有效控制固定投资的增长；加强中央银行监管职能，着眼于监管金融机构与货币市场，通过实施独立的货币政策调控宏观经济。同时，货币政策也在不断变化，从贷款规模、现金发行等直接调控向贷款限额管理、再贴现、利率等直接与间接相结合的调控方式转变。①

之前备受争议的外汇管理体制，也有了新气象。1993 年 11 月，党的十四届三中全会召开，通过《中共中央关于建立社会主义市场经济体制若干问题的决定》，提出改革外汇体制，人民币应成为可兑换的货币。1994 年 1 月 1 日，实施以市场供求为基础、单一的有管理浮动汇率，人

---

① 1993 年 12 月国务院颁布的《关于金融体制改革的决定》指出："实施货币政策的工具是法定存款准备金率、中央银行贷款、再贴现率、公开市场操作、中央银行外汇操作、贷款限额、中央银行存贷款利率。"

民币兑美元的汇率定为 8.72∶1（之前的官方汇率为 5.7∶1），双轨制走到尽头，人民币汇率回归到合理的价格线，成为拉动中国经济发展的重要引擎。

　　朱镕基在金融体系领域实施的大刀阔斧的改革，其重大意义在于更多使用经济手段的干预，定下市场化基调，至今我们依然沿用他的智慧与制度框架。

"高利贷"猖獗打破了次贷危机
对中国金融的完美主义认证

谁说中国"人傻，钱多"？

《货币战争》讲了这样一个笑话：

居民马哈蒂尔找到小区片警格林斯潘报案，说家里东西被偷了，小偷可能是惯犯索罗斯。

片警格林斯潘嘿嘿一笑，说："也不能全怪小偷嘛，应该多从自己身上找原因。谁让你们家的锁好撬呢？"

居民马哈蒂尔不满地说："那小偷怎么不去偷中国和印度呢？"

片警格林斯潘叹了一口气，说："中国和印度的院墙太高了，索罗斯爬进爬出不方便，要是摔下来出了人命，不还是我的事吗？"

小偷索罗斯在旁边听了之后，冷笑一声说："在他们的院墙上掏几个洞不就解决问题了吗？"

片警格林斯潘赶紧看看四周，小声说："已经派保尔森去中国了，听说2006年就可以挖开几个大窟窿。"

小偷索罗斯听了大喜，拿出手机开始给同伴们发短信："人傻，钱多，速去中国。"

精明的华尔街投资者，对中国的投资环境还停留在"暴发户出手阔绰、不过脑子"的层面，这种自我臆想早就 OUT 了。2008 年金融危机的考验，用铁一般的事实证明，中国可不是什么"钱多，人傻"。

2008 年国际金融危机爆发，全球哀鸿遍野，很多国家甚至连美国都遍体鳞伤，其金融体系更是千疮百孔，时不时冒出债务滚雪球、银行破产这样的金融丑闻。与西方世界的狼狈表现相比，中国的金融体系则要稳健得多，不但债务危机、银行破产统统靠边站，还表现出逆势飞扬的霸气。如 2008 年，中国银行不良贷款保持"双降"、风险抵补能力进一步加强、案件数量和涉案金额持续下降、银行业盈利能力明显增强。

而且，人民币币值也表现得相当争气。金融根基不稳，很多国家的主权货币再也硬撑不下去，美元、欧元、英镑纷纷贬值，人民币却依然坚持不贬值。

中国的金融体系在全球性经济危机中一枝独秀，原因在于中国建立了牢固的金融防线。

经过 30 余年苦心经营，中国的金融体系早已今非昔比。在媒体眼中，中国的金融体系是"党领导下的我国金融组织体系，由当初单一的中国人民银行体制，稳步分步改革，迄今已建立起由中国人民银行调控，由银监会、保监会、证监会分业监管，国有商业银行为主体，政策性金融与商业性金融分离，多种金融机构、多种融资渠道并存，功能互补和协调发展的新的金融体系"①。

中国的金融体系相对独立，并未彻底敞开大门欢迎各路金融"神

---

① 《中国金融改革：改革开放 30 年的历程与发展趋势》，中国经济网。

仙"。中国的金融体系并未完全暴露于全球化的世界经济中，还设置了一些门槛，这就避免了资本的过度泛滥。譬如，华尔街的投资者倒是很想把金融债券卖给中国人，无奈门槛高、难度大，只能望洋兴叹。

其次，当金融衍生品不断泛滥时，不但投资者们疯狂，连西方的监管者也认为不应该对这种"数钱数到手抽筋"的投资行为进行监管。中国就不一样了，一直坚持保持银行系统与资本市场的适度距离。2007年，次贷危机刚有了迹象，银监会就下令要求防范金融风险，严惩违规挪用信贷资金进入股市的单位和个人，并加强对商业性房地产信贷的监管。

中国相对健康的金融业生态，加强了中国金融机构对危机的防范，这是中国成功躲过这次金融危机的关键因素。

骇人的高利贷

曾被称赞为固若金汤的中国金融体系，在金融危机的大风大浪中表现得相当淡定，没想到危机之后，却难堵高利贷这道"堰塞湖"。

> **高利贷：** 指索取特别高额利息的贷款，它产生于原始社会末期，在奴隶社会和封建社会是信用的基本形式。

名不正言不顺的高利贷，虽被人们视为洪水猛兽，但从未销声匿迹。尤其是 2010 年以来，随着中小企业生存艰难，高利贷更加猖獗，利息高得抵得上卖白粉，一场金融噩梦不断发酵，开始露出狰狞面孔。

为应对金融危机放出的海量信贷爆发后遗症，通货膨胀压力巨大，

2010 年下半年，中央政府开始收紧信贷。信贷紧缩，不少项目面临"断粮危机"，企业和地方政府都忙着找钱，融资歧视现象凸现，国有企业及地方政府往往在有限的资金配给中处于优先地位，民营企业尤其是中小企业最容易受伤。年景好时，中小企业还能从正规的金融机构分得些许贷款，一旦出现"钱荒"，银行大门戛然关闭，拿到贷款便愈发艰难。

人口红利消失、原材料成本上涨、人民币升值等多重因素齐发力，导致不少中小企业进入凄风苦雨的灰暗期，资金链几近崩断。

为渡过难关，它们会拼命抓住每一根救命稻草，银行已经很难指望，于是活跃的高利贷成为他们自救的希望所在。为解燃眉之急，它们已经不在乎令人咋舌的高利贷利率，甚至是否具备足够的能力偿还欠款也不在考虑范围之内，它们只想借到钱。

资本从来都不是活菩萨，为逐利本性驱使，又加上中小企业"只要借到钱，利率都好谈"的心态，不断催生着人们钱生钱、利滚利的贪婪与野心，一时间高利贷疯狂到百无禁忌的地步。其范围之广、利息之高都属空前，6 分到 8 分是家常便饭，在某些短期利息中甚至出现 1 角到 1 角 5 的利息。

杭州有一个叫何金的人，入行 3 年、运营数千万元信贷基金。他入行第一单，就赚得让人眼馋，仅放贷 600 万元，在两个月内净赚 7.2 万元。更让其念念不忘的是，他亲眼看到有人 3 年前以 5 万元入行，3 年后身家 2 000 万。即使行业变故不断，他依然对这门"挣快钱"的行业情有独钟，"干了这行之后不会想干别的，来钱太快、太容易了"。钱来得太快，难免让人心生恍惚，潜伏的赌性也爆发出来。如同上瘾的赌徒，见识了太多输得倾家荡产、家破人亡的事情，见了赌具依然两眼放光，赌性不改。

放贷来钱的确快，人们见着眼红，借贷范围也越来越大，从几年前相对谨慎的熟人圈子扩展到陌生人借贷、跨区乃至跨省借贷。而且借贷人的身份也更加复杂，企业家、公务员、工人、教师甚至农民都想过过做债主的瘾。

不但经济发达地区高利贷盛行，连一些贫困地区也情不自禁涌入"炒钱"大潮。

泗洪县是江苏最贫困的县之一，却不乏各类豪车，有宝马、奔驰、英菲尼迪、凯迪拉克、悍马、法拉利、兰博基尼、玛莎拉蒂……其数量与种类让人不敢小觑这个并不起眼的贫困县，其中该县辖下的石集乡还被称为"宝马乡"。这种经济与生活之怪现状，根子还是出在高利贷的泛滥上。在泗洪县石集、青阳、城头等乡镇，高利贷一度风靡，几乎家家户户都拿出并不算多的积蓄放高利贷，数额在几万元不等，不过利息却不低，如5万元就能获得1角5分的利息。利息畸高、中间借贷人"见利忘义"截留资金等，催生出不正常的暴富现象。

高利贷越疯狂，蕴藏着的"杀机"就越多。高利贷利率远远大于中小企业的经营利润，稍有差池，如回款过慢，企业可能就还不上这笔钱。2011年下半年，各地出现了"跑路"、"破产"、"自杀"、"索债"等种种事端，尤其是江浙一带，成为高利贷链条断裂的重灾区。

噩梦终于开始，一旦高利贷资金链条出现断裂，每个参与者都无法独善其身，借贷者可能会血本无归，当地的金融秩序也遭到破坏。而且，不少地区的实体企业是为活命而走借贷险棋，放贷者"落井下石"提高利率，对实体经济进行盘剥，使得在泥沼中挣扎的实体经济更为窘迫，最后的结果可能是大批老板跑路、大批企业破产，那么当地多年苦心经营的实体经济根基可能毁于一旦。

中国的金融体系并非固若金汤

中国看似健全的金融体系，并不完全与中国的经济增长相适应，这对金融创新提出了更高的要求，即政府在国家金融体系的干预与介入的张弛之道。

如当前的金融管制尤其是对民间资本的管制，就需政府给予更多的弹性空间。

在中国的金融版图上，民间资本从未缺席，他们暗藏在阳光背面，不断涌动，为大量中小企业提供了发展资金。然而，由于长期游离于合法空间之外，民间借贷从业者的资本链较为隐蔽，相关政府部门很难进行行之有效的监管，"维持民间借贷现状，一旦出现势头过猛的出头鸟便'杀鸡儆猴'"成为不少监管部门心照不宣的管理方式。

相关部门监管缺失、相关法律空白等因素，使得民间资本这些"绿林军"更为生猛与草莽，高风险、管理混乱、暴力索债等问题层出不穷，使得政府及社会对民间借贷更为忌惮。然而，简单地"打倒放贷人这些剥削者"，粗暴地禁止民间金融发展，并不明智。当前金融机构放贷的口子再大，也很难填补民间资本需求的缺口。

在中国，政府还是银行的主要所有者和管理者，这固然会增强政府对资金的控制力度，但也会减弱司法、市场机构对银行运营的监督与约束。这种权力主导下的金融体系，更容易成为权力寻租的温床，形成金融资源分配的"亲疏论"，与政府权力关系亲密的单位、个人更易获得资源。建立与民营经济发展相适应的民间金融体系，恰恰是放开金融管制、实施金融改革的重要表现，有利于削弱金融领域的垄断性，在中国社会营造更加公平、合理的金融环境。

金融创新不足是中国金融链条的又一薄弱环节。2008 年金融危机打破了金融创新的神话，让人们对过度金融创新深恶痛绝，但金融创新不足同样存在着巨大的风险。我国的金融产品就有创新不足、品种过于单一等问题。

金融创新不足会影响资本流动的灵活性，不利于增强资本的杠杆效应，有些"死钱"很难变成"活钱"。而且，金融市场偏保守，也会影响中国投资者对国际产品的判断力。他们不熟悉国际上流行的投资产品，也不熟悉国际投资者的投资套路，就难免会中了对方的圈套，吃了大亏。

第四章

国债泱泱

甲午战争胜败幕后：
日本大兴公债，清廷忙着存银子

甲午战争输在人算

清末国势沉沦，中国受尽外强欺负，在诸多争端中竟然表现得毫无招架之力，败得一塌糊涂，国人颜面尽失。

1894年，中国与日本因朝鲜问题燃起战火。7月，双方正式开战。从一开始，中方就没有什么斗志，先是在朝鲜被打败，狼狈逃窜500公里回到鸭绿江防线，日本轻而易举在朝鲜全境插上日本旗。陆战失利，又拼海战。黄海战役中，李鸿章号称"世界排名第八"的北洋舰队，表现得依然相当差劲，几乎被日本舰队一窝端。9月，日本把战火烧到了中国本土，"东道主"还是很没志气，所谓四万"劲旅"个个成了草包，不到三天就把鸭绿江防线丢了个干干净净。此后日本先后进攻义州、大连、旅顺，结果不是清军主将不见踪影，就是"劲旅"们闻风而逃……连日本侵略者都感觉在战场上披荆斩棘之顺利远远超出他们的想象。最后，中日海军在威海卫一带决一死战，不过抱定"决一死战"决心的恐怕只有以丁汝昌为代表的铮铮爱国汉子们，日本军舰已经领教了中方一溃千里的作战作风，威海卫一战更像甲午战争终结的仪式。最后的结果，果然没有出现国人期待的什么大逆转，中方以完败为甲午战争画上句号。甲午战争成为国人最具耻辱性的战败，中国以及清政府很难再在国际上抬起头来，后人葛兆光教授如此评价："这种深入心脾的忧郁激愤心情和耻辱无奈感觉，大约是中国人几千年来从来不曾有过的。"

甲午战争败得如此彻底，人们总结出的原因不外乎清朝腐败、用人失误、技术落后等，但归根到底还是因为制度的腐朽与落后，无论是政治、军事、商业还是经济，中国这个曾经洋溢着万千盛世风情的东方国度，不但被西方国家远远甩在身后，连曾经对中国望其项背的日本也疾追上来。

中日甲午战争：19 世纪末日本侵略中国和朝鲜的战争，它以 1894 年 7 月 25 日（清光绪二十年，日本明治二十七年）丰岛海战的爆发为开端，到 1895 年 4 月 17 日《马关条约》签字结束。这场战争以中国失败告终。中国清朝政府迫于日本军国主义的军事压力，签订了丧权辱国的不平等条约《马关条约》。

1870 年前后，德意志帝国的"铁血宰相"俾斯麦接待了来自中国与日本的两批使节，得出截然不同的结论："日本到欧洲来的人，讨论各种学术，讲究政治原理，谋回国作根本改造；而中国人到欧洲来的，只问某厂的船炮造得如何、价值如何……中国和日本的竞争，日本胜，中国败。"没想到，俾斯麦一语成谶。

俾斯麦（1815 年—1898 年）：全名奥托·冯·俾斯麦（Otto Von Bismarck），普鲁士宰相兼外交大臣，是德国近代史上杰出的政治家和外交家，被称为"铁血首相"。作为普鲁士德国容克资产阶级的最著名的政治家和外交家，他是自上而下统一德国（除奥地利）的代表人物。

日本的公债很给力

1868年日本实施明治维新后，国内发生了翻天覆地的变化，而曾国藩、李鸿章等人的确也在几乎相同的年份开始了洋务运动，只是前者执意与旧制度决裂，后者执著于器物之变。

姑且抛开种种大而化之的讨论，从中日当时金融制度的细节追溯，甲午战争的结局也能瞧出一些眉目来。

打仗需要花费大笔的银子，日本为了打甲午战争这场关键战役，下了血本，甚至举债，而清政府一直以来忙着存银子，不屑于做举债打仗这样没脸面的事。而且，清政府存的银子，被用作支付各种丧权辱国条约中规定的赔款，以慈禧太后为主导的清政府还不忘挥霍浪费。在关系国运前途的关键时刻，清政府存的银子没用到刀刃上。

明治维新后，日本人的头脑转变之快几近神速，很快就把西方世界那套"死钱变活钱"的金融套路玩得风生水起了。新政府成立头两年，缺钱缺得像热锅上的蚂蚁，政府想出了印钞的法子，一气印了4800万日元的纸币，这的确缓解了政府的财政赤字，不过也引来了通货膨胀这只恶狼。

自己守着印钞机滥发纸币毕竟不是长久之计，聪明的财政大臣们又想出了新的招数——借债。1876年8月，日本政府发行金禄公债，这次也是大胃口，发行了1.74亿日元公债。公债的用处很多，可以用来给诸侯和武士们当工资用，俸禄高的，就先一次性用公债为他们支付6到7年的总收入，利息为5%；俸禄低的，就一次性支付10到12年的总收入。发行后从第6年偿还本金，30年内偿清，每年支付利息。

诸侯和武士们拿到手里的不是真金白银，有政府信用作保证，又是一次性发放多年的俸禄，还有利息，国家也修改了银行法允许以金禄公债入股银行。所以，金禄公债也不是一堆废纸，诸侯和武士们倒未提出抗议，反而觉得自己成了一夜暴富的暴发户。

政府发行了大量金禄公债，就省下大笔资金用于发展实业，促进了日本工业革命的爆发；以金禄公债入股银行的规定也带火了日本银行业，盘活了大量金融资本。1882年，日本第一个中央银行日本银行成立，这家股份制银行也是日本政府的聚宝盆，为本国工业发展融得大量资本，而且还擅长对重点企业的股票和债务抵押融资。以日本银行为媒介，日本企业开始向社会借债，促进了日本经济的腾飞，也为日本军事力量的增强奠定了雄厚的经济基础。

甲午战争之前，日本借的多是内债，很少借外债，担心为外债所累，受制于人，与其隔海相望的一步步踏入殖民化境地的大清王朝就是一个活生生的例子。不过，日本也有被逼急了的时候，偶尔也会借一点外债。1870年，为修筑从横滨到东京的铁路，日本政府财政吃紧不宜再放款，日本政府便在伦敦发行了100万英镑公债，借债修完铁路。而在同时期的中国，休说借债修路，就是有志之士自发修路，也未必讨好。李鸿章多次上奏修建铁路无效后，自己悄悄修建了从开平煤矿到胥各庄段的运煤铁路。不想，素来不和的庙堂之高与江湖之远这次出奇地矛头一致，纷纷抵制这个不吉利的玩意儿，迫于舆论压力，蒸汽机车头始终没有跑到铁轨上去。

从日本明治维新后的金融体系发展来看，日本人表现出一股"胆大妄为"的剽悍之气。它看着世界群氓不顾什么国界、人权争着在弱国作威作福，早就坐不住了，也想把自己的军队武装到牙齿，开到世界各地去耀武扬威。海那边的大清王朝就是一块大肥肉，日本也得沾沾"近水楼台"的光。

明治维新：指19世纪末日本所进行的由上而下、具有资本主义性质的全面西化与现代化改革运动。在政治上："废藩置县"，加强中央集权，颁布宪法。在经济上："殖产兴业"，发展近代工业，兴办工业企业；承认土地私有，允许土地买卖，引进西方先进科学技术。在社会上：采取"改历"、"易服"、"剪发"等措施。在军事上：改革封建军制，建立近代化军队，日本军人进行武士道教育；实行征兵制，建立一支崇尚武士道精神、效忠天皇的军队。在文化上：派遣留学生到欧美国家学习，效仿西方建立从小学到大学完整的学校教育体系，向学生灌输忠君爱国思想。在思想上：大力吸收西方的思想文化和社会风俗习惯，努力改造落后愚昧的社会风气，确立了国民皆学的方针；打破了传统的身份等级制度，在政府"求知识于世界"的开放政策下，掀起了传播启蒙思想的热潮。

1868年到1894年3月，日本政府共拨款9亿日元给日本海军，折合白银6 000万两。1890年后，日本扩充军备的步伐明显加速，把60%的国家财政收入都用来发展海、陆军。即使这样，还是觉得不够过瘾，从1893年开始，日本天皇决定每年拨出30万元宫廷经费、十分之一的官员薪水补充军费。

打仗就是个烧钱的买卖，不管输家赢家都得提前准备海量的资金。真正到了关键时刻，即甲午战争开战之际，日本政府还是觉得军费不够用，又在全国开展了筹措军费的总动员。

1894 年 7 月 23 日，《每日新闻》以《慰问在韩军人》为题发表文章指出："请赠送适当之物，一慰悬军远征之心，一为表示对我军人敬爱之情。"

日本商界重量级人物涩泽荣一、三井八郎右卫门、岩崎久弥、福泽谕吉、东久世通禧还牵头成立专门用于战时募捐的组织"报国会"，动员商人和公众捐钱和药品、罐头、枪支弹药等军需用品。

在日本上下看来，这场关系国势的大仗的确需全国之力，但爱国主义与民族主义情绪不能当吃当喝，长此以往，恐怕民众也吃不消。不久，日本总理大臣伊藤博文对涩泽荣一提出发行公债的建议："如不能很好筹款，有挫伤国民斗志之忧，莫不如发行 5 000 万军事公债，更有意义，效果更好。"1894 年 8 月 15 日，以敕令第 144 号决定发行 5 000 万元公债，17 日，大藏省告示第 32 号公布发行 3 000 万元公债。

> 伊藤博文：日本近代政治家，长洲五杰，明治后三杰，明治九元老中的一人，日本第一个内阁首相，第一个枢密院议长，第一个贵族院院长，首任韩国总监，明治宪法之父，立宪政友会的创始人，四次组阁，任期长达七年，任内发动了中日甲午战争，使日本登上了东亚头号强国的地位。

发行公债就不是赤裸裸的白条了，公众更加热烈地响应。有野史为证：动员全民募捐时，官员们除了捐积蓄还把自己的工资捐了一部分，皇后把所有的首饰都奉献给了国家，最后只能从樱花树上折樱花戴。发公债时，竟然有日本女学生卖身购买公债。

日本大张旗鼓地筹集军费，中国这边却是另一幅光景。对外割地赔款，背上巨额洋债，将关税、盐税和厘税抵押给外国银行，中央财政收入被削去了一大半。国内也不太平，仅太平天国运动就把清朝折腾得元气大伤；鸦片贸易掠走了大量白银；外国洋行把中国金融体系搅得乱七八糟；慈禧太后还很愿意享受，挪用大量白银修建皇家园林……清政府之前积攒再多的银子也架不住如此折腾。

财源枯竭，自然投入海军的经费也越来越少，多年不添一舰、一弹，船只由于得不到维修也呈现破败之相。甲午战争前夕，清朝海军根本没有财力购买更为先进的炮舰。所以，北洋舰队虽然号称世界排名第八，但随着军费吃紧，越来越像个有名无实的绣花枕头，火力、速度均逊于日军。可见，如果仅把甲午战争的败局归于"将熊、兵熊"也不客观。

甲午战争惨败，"谈判高手"李鸿章在日本马关春帆楼签订了丧权辱国的《马关条约》，除了战争赔款，日本还获得大量战利品和现金，合白银3.4亿两。昔日风光的"白银帝国"越来越穷，成了一副空皮囊。

日本借此暴富。据说，时任日本外务大臣的官员根本没料到他们会有如此大的"惊喜"，"在这笔赔款以前，根本没有料到会有好几亿两，我国全部收入只有几千万两。所以，一想到现在有3.4亿白银滚滚而来，无论政府还是私人都顿觉无比的富裕"。日本使用这些巨额赔款用来发展国内经济，并借此进行货币改革，建立起金本位制。而中国虽然白银几乎耗尽，但依然顽固地坚守银本位制，真正放弃银本位制要等到1935年的"法币改革"了。

冰岛债务经济的教训：
"国家不会破产"只是个传说

被外债压垮的幸福国度

甲午中日战争告诉人们，借债真是个绝妙的主意。尤其是对于一个国家，做杨白劳的好处大大的有。

不过，出来混，总是要还的，借债也得悠着点。即便以国家信用和未来收入作为抵押，如果借贷过了火，也会栽得很惨，即便是国家也会破产。

2008 年金融危机，冰岛就很不幸地第一个被列入破产的黑名单。

冰岛，这个有着浪漫的名字，且有着冰川、热泉、间歇泉、活火山、冰帽、苔原、冰原、雪峰、火山岩荒漠、瀑布及火山口等浪漫景致的小国，仅有 32 万人口。人口少，又得上天恩赐拥有天然旅游资源，冰岛人仅卖卖鱼、开发开发旅游业、挖掘挖掘铝矿资源，日子就过得绅士又优哉游哉——教育免费，医疗费用几乎全由政府包干，失业后福利金不菲。没有生活与工作压力的冰岛人，在很多"起得比鸡还早，干得比牛还多"的白领人看来简直是帅呆了。

冰岛的富裕程度和文明程度位居世界前列，2007 年冰岛还被联合国评为"最适宜居住的国家"。

盛产毛鳞鱼、鳕鱼、青鱼的冰岛，渔业是其支柱产业，又有如诗如画的旅游资源，单凭这两大产业，冰岛人就能把日子过得很好。在发财的诱惑面前，连上帝都会疯狂，更何况在幸福国度里生活的冰岛人也不过是凡夫俗子。看到美国、英国、法国等国玩金融玩得泡沫横飞、金融家个个兴奋得红光满面，冰岛也蠢蠢欲动，把身家幸福都押在金融创新上，最后的结果让冰岛人郁闷至极——从天堂坠入地狱。

从 20 世纪 90 年代初期开始，冰岛政府有意从金融业"捞大鱼"，冰岛的金融产业坐上火箭，很快以压倒性优势超过国民经济中的其他行业。

冰岛以英美等国的金融发展为模板，降低金融门槛，提高金融利率，吸引了大量海外资金。而且，冰岛也很崇拜华尔街金融家的投机手段，大量从国际资本市场借入低利短债，投资高风险、高利润的资产，如次级债券资产，以获得高额利润。

一时之间，冰岛的金融业看起来欣欣向荣，冰岛政府也赚了不少钱。现在看来，这不过是一时浮华，只差最后一支"下下签"点破这金融狂欢的美梦。

冰岛人均 GDP 再强大，也只是一个小国，抗风险能力很差，一旦风暴来临，就会发现"船小好掉头"只是糊弄人的瞎话。钱生钱的游戏，如果手段高明，可能会创造一夜暴富的奇迹，但这也是赌博，一旦输了，就会输得很惨，倾家荡产还不是最差的，搭上身家性命也不一定。

对财富的无度贪婪与崇拜，导致冰岛的经济天平倾向虚拟经济。在借贷融资的推动下，冰岛的银行资产迅速扩大，大量资金被用于投资高风险领域。2007 年次贷危机发生时，冰岛的金融链条已经相当脆弱，其外债超过 1383 亿美元，而冰岛 2007 年的总产值仅为 193.7 亿美元。

次贷危机爆发后，全球金融业陷入萎缩，贷款利率骤升，资金流动性减弱，依靠外债支撑的冰岛金融链条越绷越紧，债务窟窿越来越大。

背负着巨额债务，冰岛很多银行已经无法正常运转。仅格利特尼尔银行、克伊普辛银行和冰岛国民银行三家银行就欠债 600 多亿美元，这三家银行不得不宣布破产，由冰岛政府接管。但接管之后的效果并不怎么样，因为冰岛政府也没多少钱，冰岛中央银行可以动用的流动外国资产仅有 40 亿美元。

2008 年 9 月 10 日，冰岛国内股票交易也被宣布暂停，冰岛克朗出现大幅贬值，曾在一周内汇率狂跌 80%。

冰岛央行的外汇越来越少，以至于规定严格限制外汇资金的用途，确保食品、药品和石油等必需品的进口。冰岛人发现，金融危机已经开始渗透到他们的生活中，如：只能凭借海外旅游机票才能兑换外币，公司必须向央行提供能够证明他们的确需要外汇的有效申请，才能得到批准。

冰岛金融全面崩溃，陷入破产边缘。冰岛一位官员忧心忡忡地推测，国家可能要重回"渔业时代"，一位银行职员也打算跳槽，"不排除过段时间脱下西服，穿上捕鱼装的可能。"西方媒体由此发出更加悲观的论调，冰岛要被金融风暴刮回石器时代了。

过度发展虚拟经济给冰岛带来了灭顶之灾，冰岛人肠子都悔青了。如果一切重来，可能冰岛人会选择做个安分的"渔夫"，往事不可追，如今拖着个巨大债务尾巴的冰岛，想要回到过去也已经是天方夜谭。

悲哀的是，没有人愿意伸出援助之手

阴霾重重，曾经的幸福国度凭借一己之力很难拨云见日，冰岛总统格里姆松也心急如焚，突发心脏病住院。冰岛无力自救，向其他国家求援，但发现好心肠的国家并不多，冰岛陷入孤立无援的境地。

冰岛向北欧邻国求救，遭到拒绝，仅挪威和丹麦提供了 4 亿欧元的资金支持，这对于背负巨额债务的冰岛简直是杯水车薪。

西欧国家也袖手旁观。

英国和荷兰是冰岛的大债主，冰岛的银行破产，导致英国和荷兰储户大约损失了 50 亿美元。从储户利益出发，英国和荷兰应该拉冰岛一把，只有冰岛缓过劲来，还钱才有戏。然而，或许是由于经济崩溃慌了手脚，或许是缺乏精湛的政治斡旋能力，冰岛一开始就把英国得罪得不轻。

冰岛政府接管三大银行后，导致英国在这三大银行的 200 亿英镑存款被冻结，同日，冰岛第二大银行 Landsbanki 旗下的英国网络分行 Icesave 也宣布停止对储户的储蓄业务，这让英国人大为恼火。

英国首相布朗公开表达了他的不满："我与冰岛总理进行了接触，我说，这事实上是非法行为。我们将冻结冰岛公司在英国的资产，我们将采取针对冰岛政府的进一步的必要行动以要回存款。"

英国还以牙还牙，根据反恐法和安全法案冻结了 Landsbanki 在英国的资产。

同样是债主的德国，比英国要淡定得多，他们没有火急火燎地指责冰岛，但也拒绝救援冰岛，"我们德国人不想往我们无法掌控、又不知道德国的钱用在何处的一个罐子里放钱。"

其他国家与冰岛的利益关联少，更加无视冰岛的求援信号。他们自己也是泥菩萨过河自身难保，犯不上为救一个冰岛再冒风险。再者，冰岛再牛，也是一个小国，若冰岛日后卧薪尝胆可东山再起，也不会成太大气候，他们一样从冰岛得不到多少实惠，何必再去趟这个浑水？

实在被逼得走投无路，冰岛想起了组织——欧盟。一直以来，冰岛对加入欧盟并不热情，还有些抵触，甚至到 2008 年 2 月冰岛已经危机四伏，冰岛还说出"冰岛经济体系逐渐欧元化，可能造成经济不稳"的话来。随着危机深入，又无人肯伸出援手，冰岛开始向往组织的温暖了，正如冰岛渔业和农业部长埃纳尔·格维兹芬松所说："我一直以来反对加入欧盟，这毫无秘密可言。但是，眼下的危机意味着我们必须寻找任何一种可能方案。"冰岛加入欧盟更像一个临时性的政治考虑，过于功利化，欧盟也不愿意买冰岛的账。而且，加入欧盟也不是一朝一夕的事，等到欧盟真正接纳冰岛，恐怕债务危机早把冰岛压垮了。

出人意料的是，素来与冰岛不沾亲不带故的俄罗斯倒是慷慨大方，向冰岛提供了一项总额 40 亿欧元的贷款，这很是"雷"了北约和欧盟一把。俄罗斯也是个无利不起早的主，背后恐怕还别有用心。果真，在冰岛接受援助的消息公布后不久，冰岛总统格里姆松就放出了大话："北大西洋对北欧国家、美国和英国具有重要意义，但从目前的情况看，这些国家现在好像并不在乎这一点，看来冰岛应该寻找新朋友，请俄罗斯进驻凯夫拉维克空军基地。"根据冰岛宪法，总统并没有外交决策权，他只是嘴上说说而已，暗地里到底涌动着什么样的潮流，还得走着瞧。

累累债务给冰岛带来的麻烦还不止这些。

债主也是受害者，不会因为冰岛破产就让它赖掉这笔债务。英国和和荷兰自己掏腰包赔偿储户在冰岛的损失后，开始向冰岛索债。2008

年 11 月 17 日，冰岛政府与英国和荷兰达成赔偿协议，向英、荷政府赔偿 39 亿欧元的债务，这笔债务将在 2018 年之前还清，利息为 5.55%，这意味着每个冰岛家庭每月需支付 347 欧元。直到 2009 年 12 月 31 日，冰岛议会才通过向英国和荷兰储户赔偿损失的议案。

　　一听说向英国和荷兰赔款即将成为事实，冰岛居民又闹翻天了，他们天天在政府门口游行抗议："凭什么让纳税人为银行家的错误买单?"如此翻来覆去的折腾，总统也没辙，只能遵从民意，拒绝签署该项议案，最后由公投来决定是否还款，结果有 93.3% 的投票者反对该议案。这是人民的呼声，冰岛政府也无可奈何。不过，面对英国、荷兰的"黑脸"，冰岛政府还得继续谈判和周旋，并在 2010 年 12 月重新达成了赔偿协议，放宽了还款条件，这次总统学聪明了，直接拒绝签字，又来了一场公投，冰岛民众又是一个"不"字。

　　冰岛要赖账了，无论如何，这对于冰岛都不是一个好名声，如果冰岛这次赖账，意味着下次还有可能赖账，冰岛下次借款恐怕更是难上加难。

有些国家借了更多的钱，却玩火烧别人

美国从独立起就擅长借债

冰岛"借债总是简单，还债太难……把所有问题都独自扛"，结果酿成国家"破产"的大祸。

可有些国家就没冰岛那么倒霉。美国同样存在过度借贷的问题，但美国根本没有破产的迹象。与美国比，小国冰岛在处理债务方面嫩得不是一点两点。

说到借债的资历，毫不夸张地说，美国几乎是从娘胎里带来的。

独立战争期间，临时的领导者——大陆会议政府也是只有热情、勇气和煽动美国人独立的口才，手里实在没什么钱。独立战争期间，大陆会议政府就发行了价值600万英镑的公债，人们以黄金、白银和英镑等当时的硬通货购买公债，政府则以其发行的"大陆币"或"大陆币"票据偿还本金、支付利息。大陆会议政府发行公债的如意算盘实在是打得精，不过美国人民也没怎么计较，毕竟独立才是大事，大局为重，吃点亏就吃点亏。

美国独立后不久，美国政府还是穷光蛋，连联邦政府都没有，更没有什么收税机构和筹资的中央银行。再说，美国政府也不好向 13 个州开征税的口，美国独立就是为了反抗英国人征税，如果独立后还向它们征税，独立就变得很滑稽了。1776 年 10 月 3 日，大陆会议政府又发行了第二笔债券，这次更加专业，在各州成立了专门的"大陆借款办公室"，主要职能是销售政府债券和支付利息。

不过，独立战争打了很多年，政府债券越发越多，各州的人民就厌倦了这种为政府债券买单的日子了，而士兵也有些灰心丧气，不知道以政府欠条做军饷何时是个头。在国内通过借债融资越来越没有市场，美国就把借债的目光转向国外。有几分长远打算的法国国王，倒是没有给亚历山大·汉密尔顿吃闭门羹，给了美国 250 万法国金币，有了这些法国金币，美国独立战争才不至于功亏一篑。除了法国，西班牙、荷兰等国也或多或少给了美国资金支持。他们这么做，除了看好美国的未来前景，更重要的原因在于英国称霸这么久，他们当小弟已好多年，多一个美国制衡英国，挫挫英国的锐气，何乐而不为？

1783 年，美国是背着一身债务结束独立战争的，美国政府面对着一大堆欠条，债券种类五花八门，包括战争债、州政府债、社区债等。1788 年，美利坚合众国正式成立，但即使是新政府，也不能赖账。一旦赖账，不但毁掉了政府的信誉，践踏了美国公众和其他国家对美国临时政府的信任，恐怕连金融市场的根基也毁掉了。

借债还钱，天经地义，美国政府一穷二白，没钱还债，第一届财政部长汉密尔顿想出了借新债还旧债的法子：政府承诺会全额偿还之前所有的债务，但政府发行三只新债券以代替原来毫无章法的旧债券，这三只债券可以自由流通、抵押和转售，这就为人们炒作、投资债券提供了机会。债券价格猛涨，不但美国人竞相购买债券，连外国投资者也来凑热闹，仅到 1804 年，就有 53% 的美国公债落到西欧投资者手中。

美国政府希望一直穷下去

一旦尝到借债的甜头，就会上瘾，美国政府从来不想打肿脸充什么胖子，它很自豪地告诉世界，它就是一个"穷政府"。他们认为借债，尤其是从海外借钱是一笔不错的买卖，不但成本低，向外投资的收益率也高。

随着美国经济实力的不断增强，美元稳稳当当坐上货币霸主的位子，美国人借债更加豪放了。

首先，我们需要明白美国政府、美联储、国债与美元的关系。美国政府没有发币权，只能通过美联储发行货币，以国债作为抵押，而国债又是以美国人未来的税收作抵押的。国会决定国债发行的规模和期限，并在金融市场上拍卖。没有被购买的国债就会被财政部门悉数送到美联储，在美联储摇身一变成为证券资产。按照美联储得到的国债数目，美联储开出美联储支票，美国政府收到美联储支票并以政府储蓄的名义存在美联储账户上。美联储花钱时，就用这些储蓄支票，经多方流动，这些支票被存到商业银行账户上，变成商业银行储蓄。根据商业银行部分存储金制度，约有90%的钱会被用来放贷，但这些放贷的钱并非原来的储蓄，而是美联储新印制的货币。美联储就以这种方式，源源不断地向其他银行输送新钱。周而复始，1美元的国债，最终可能形成几美元甚至十几美元的货币流通。

债务货币的机制，注定了美国政府的债务永远无法还清，不论是国债、公司债务，还是私人债务，除非美元消失，这也正是美国国债不断飙升的根源之一。

1913 年到 2001 年，87 年间美国一共背负了 6 万亿美元的国债。2001 年随着总统布什上台，各方面支出激增，美国更是背上了债务的大山。战争开支、利息支出（2008 年，美国政府的利息支出占财政总收入的 17%，仅次于医疗和国防）等导致政府出现惊人的赤字，美国只得发行更多的国债来填补财政亏空。与此同时，"更长的寿命、飞涨的医疗费用以及有助于为这些计划提高资金的青年工人数量的缓慢增长，造就了一个灾难公式"。2008 年金融危机后，美国经济萎靡不振，奥巴马推动国会通过 7 000 亿美元刺激计划，导致了美国的财政赤字，也使得美国背负了更多的债务。2010 年，国会预算办公室（CBO）警告，到 2021 年联邦政府的债务总额可能是美国经济年产值的 100%，到 2035 年可能会接近 190%。2010 年 2 月 12 日，美国总统奥巴马签署通过了提高债务上限的法案，将联邦政府债务上限从 12.4 万亿美元提高到 14.294 万亿美元，到 2011 年 5 月 16 日，美国政府已达到法定债务上限 14.294 万亿美元。

美国债务连绵不绝，就像滚雪球，越滚越多，而且丝毫没有停止的迹象，美国政府更没有什么悔过之心，信誓旦旦保证减少国债，但从来没有人担心美国会破产。冰岛后悔得肠子都青了，也做出过种种承诺，最终还是被贴上破产的标签。美国一样负债累累，外表看着挺光鲜，其实比谁都穷，但从来没有人严肃认真地说美国会破产，最终还是因为美国强大的经济实力，人们对美国制度稳定的信心，不管是美元还是美国的公债，都被投资者看作是稳定的增值保值手段。

玩火烧别人的"好日子"

美国借债过日子，的确够滋润。

按理说，借人钱财难免心有不安，总怕借债人冷不丁上门讨债。美国政府却是心安理得得很，一副胸有成竹的模样，全然没有借债人的落魄。

国家治理讲究国泰民安，其他国家指责美国无所谓，关键是美国人自己并没有多少非议。一个国家能借来这么多钱，而且绵绵无绝期地借，本身就不简单，值得自豪。而且，借债花钱，肥的是自己的国家，白痴才会指手画脚。

美国的老百姓还能得到其他好处。政府筹钱不外乎发行国债和征税两个渠道，如果政府不发行公债，就得征收赋税。如果政府发行较多的国债，财政富裕，向老百姓伸手的机会就少了，人们负担减轻，自然会对政府增加几分好感，也为美国执政党在大选中拉拢民意增加了砝码。纳税少了，百姓手头就富裕，也有了更多投资、创业的机会，国家财富进一步增加。

经济学家陈志武已经把这笔账算得清清楚楚："假设所得税是20%，政府公债利息永远为5%。先假定老百姓的投资回报率今后每年都是6%。在这种情况下，如果少向老百姓征收1万元税，那么老百姓把这1万元投资后，第一年得到600元税前回报，其中120元交税，剩下的480元加本金1万元重新用于投资；第二年得到628.8元税前回报，其中125.76元交税，剩下的503.04元加本金1万元再用于投资；以此类推下去，年复一年，不仅老百姓的财富越滚越大，而且政府的税收也按每年 4.8% 的速度增长，政府得到的是一个永久的税收流，这个税收流的总折现值为 6 万元（以政府公债利息 5% 作为折现率）。换言之，如果政府通过借债维系开支，把更多的钱留给老百姓投资，那么今天每少收一万元的税，实际上政府最终得到的是今天值 6 万元的未来收入流，让国家财富净增 5 万元。"①

天下还有这样的好事，可以借钱过奢侈的日子？美国就过上了！如果国债到期怎么办？美国的招数也很无赖。

一个是新债还旧债。这个伎俩美国在独立战争期间就用过了，现在依然很管用。美国人包装债券的能力一流，其功力人们在次贷危机中看得一清二楚，若不然怎么会有这么多人被忽悠进去。这和打白条没什么区别，可是架不住美国债券号召力强，就有人"姜太公钓鱼，愿者上钩"。

还有一招是印钞。美元本质上只是一张纸，一旦被赋予了法律、政治与经济意义，就成了财富的象征。有人催债或债务到期，美国就可以打开印钞机狂印钞票。2009 年 3 月 19 日凌晨，美联储传出消息，美联储当季货币政策会议决定：将在未来 6 个月内，收购价值 3 000 亿美元的美国长期国债；并在未来 12 个月内，收购价值 7 500 亿美元的房利美、房地美抵押贷款证券，外加 1 000 亿美元"两房"债券。

印钞看着挺美的，票子多了很多，政府可以用来投资，民众的腰包也鼓了，一些奄奄一息的企业也会因获得资金支持而得救。但印钞太多，会引发通货膨胀。就像冰岛，被债务逼得几近破产，也不敢提印钞的事。冰岛爆发危机的消息刚蔓延，官方货币克朗就跌得很惨，如果冰岛政府再不识时务地印钞，恐怕克朗就要成为废纸了。美国就不一样

---

① 陈志武，《金融的逻辑》，国际文化出版公司，2009 年 8 月。

了，美元太强势了。大量的美元源源不断流向国外，稀释了国内货币的流量，这就有效避免了通货膨胀。而且，美元还可以通过全球大宗商品价格的上涨，向其他国家输出通货膨胀。

俄罗斯总理普京曾经痛批美国是世界经济的"寄生虫"，美国政府无动于衷，反正它发行的国债有人买就是了，多几个类似"寄生虫"的骂名又何妨？

我们真的被美国国债绑架了吗？

美元的圈套

　　购买美国国债也会上瘾。或许，一开始是出于对美国国债的信任，人们认为购买国债巨划算。但随着美国的赖账，人们越来越觉得购买美国国债并非是一项很靠谱的投资，想要全身而退。可是，已经晚了，心理上想"戒掉"美国国债，身体上却产生了严重的依赖。

　　2012 年，南京出了一个非法集资的女老板张红。张红多次以高利息向民间借贷人集资，一开始利息还不少，有些人放贷 5 万元，一年多时间竟拿回 3 万元的利息。到 2011 年 12 月，借贷人发现越来越不对头，出现利息拖延或减少现象，要求退回本金和利息。张红装模作样召开了一个投资者上台会，称资金周转出现困难，请投资者自救，即鼓励投资者再投资，如投入 5 万元就可以救回投入 1.5 万元，5 天可救回 3 万元，1 个月就能救回 9 万元。张红又通过这种方式拿到千万资金，没多久，借贷人发现所谓"自救方案"都是唬人的，张红早已拿钱走人。

　　举债生活的美国，就像张红。它的态度很明朗，大大方方地承认借了钱，也大大方方地承认没那么多钱还款，让借贷人自救——继续购买国债，如果放弃购买，也没有什么好果子吃。

美国通过向国际市场购买商品输出大量美元，而鉴于美元在世界贸易体系中的流通性，各国都有一定的美元储备。这些美元储备如同不定时炸弹，一旦美元贬值，储备的美元越多，损失就会越大。

凭借在世界金融体系中的霸主地位，美元依靠发行国债给其他各国设了一个他们不得不钻的圈套。如果美元过多，而无人吸纳，美元将会贬值，那么其他国家的货币则是变相升值。美元贬值会提高美国商品的出口竞争力，并削弱别国出口商品的竞争力。为了保持本国出口商在竞争中的优势，这些国家不得不持续购买美元。所以，美国的国际收支逆差越大，外国政府用于购买美国国债的投资就越多。

为了保证美元增值，外国政府会想尽办法购买美国国债等美元资产，"子子孙孙无穷尽也"，由此，美国的国债生生不息，其追随者也是生生不息，美国增加的只是债务的数目，却不必将债务兑现。国债不愁买家，如此美国就可更加有恃无恐地把低利润国债留给外国政府，而让本国银行和投资者进入公司债权和抵押贷款等高利润行业。

在很多美国人看来，美国的债务经济模式是一个稳固的链条，最终的受益者无疑是美国。美联储前任主席格林斯潘说过："美国增加债务能力是全球化的一种职能，因为负债能力的显著提高与成本的降低以及国际金融载体范围的扩大休戚相关。"

我们到底该怎么办

只要美元霸权还在，我们就很难避免美国"过期分批还一部分，赖一部分国债"的霸王条款。

　　中国的外汇储备庞大固然彰显了中国无可争议的经济实力，但美元每一次暗波涌动或恶浪滔天，都会拨动中国的外汇储备这根神经。为了规避风险，我们可以多条腿走路，诸如：进行外汇改革，分散外汇，藏汇于民；适当减少中国的外汇储备，降低中国经济对出口的依赖，刺激国内消费，以内需拉动中国经济增长。

　　中国的外汇储备大部分被用来购买发达国家的国债，其中用于购买美国的最多，达到储备总额的三分之一。外汇储备过多倾向于购买国债，就等于在中国与发达国家尤其是美国之间，又增加了一根"一荣俱荣，一损俱损"的纽带。如果外国的主权货币贬值，就会造成中国外汇储备大缩水。

　　如果中国出于以防后患的考虑，抛售美国国债，可能会加速美国经济的衰退。而一旦美国经济迅速衰退，中国经济也不可能独善其身。换言之，过多的外汇储备让中国陷入了两难。

　　经济学家谢国忠提出，中国可以逐步把手中持有的巨额美元债券资产转为股权。他认为："股票有一定的抗通胀能力。标普500一半的盈利来自海外，其有形资产和无形资产价格也会随着通胀上升，而且这些公司也有负债，能够受益于通胀造成的债务实际价值的下降。具体的操作方法也很重要。我认为应该买标普500的指数基金，它的流动性与美国国债差不多。当然，也要选择恰当的时机，标普500到700点以下，就是比较好的时机了。在此前，要做好准备，先把债券变现。"

　　人民币币值不可能随波逐流，美元要贬值，欧元要贬值，日元要贬值，中国政府不会也不可能刻意地制造贬值。相反，人民币可以先发制人，率先升值，提前与国际大宗商品价格指数挂钩，以免世界掀起货币贬值潮后，中国过于被动。人民币升值，凸显了人民币负责"大"币形象，有利于形成磁铁效应，吸引国际资本，为人民币走向国际化和成为硬通货奠定坚实基础。

当前，中国经济还没有强大到可以孤军作战的程度，与其单打独斗，不如合作闯关。亚洲金融危机已经给了我们教训，如果陷入"一个人的战争"，恰好给了西方国家各个击破的机会。欧洲已经形成货币联盟，亚洲也需要货币同盟。货币同盟可以降低盟国之间的交易成本，抑制通货膨胀，减少投机和风险，增加盟国危机预防能力。如果有足够的条件，在亚洲同样也能崛起与美元对抗的亚元区。作为亚洲不可忽视的重要币种，人民币势必要承担更多的责任。

第五章

货币祸害

你不一定真懂通货膨胀

通货膨胀也有好几个面具

米尔顿·弗里德曼在《货币的祸害》中这样描述通货膨胀：

通货膨胀是在货币数量明显增加，而且增加的速度超过产量的增加的时候发生的，每单位产量（对应）的货币数量增加得越快，通货膨胀率越高。在经济学中，也许没有哪个命题比这个命题更为确定的了。

弗里德曼从通货膨胀发生的源头对其进行定义，越来越多人的也倾向于将货币多发作为通货膨胀发生的根源。不过，将通货膨胀从错综复杂的经济现象中辨别出来并作出清晰的分析，并不容易。

普通老百姓似乎对通货膨胀有着更为直接的体验，共识是"票子毛了"，即同等面值的纸币购买的商品数量减少了。事实上，通货膨胀远不止是"票子毛了"这么朴素简单的道理所能概括的。

首先，所有商品价格的上涨并不完全等同于通货膨胀。经济学家周其仁打过一个比方："直升飞机在一个封闭的迷你国上空大手抛撒现金，使该'幸运国'每个人的手持现金都增加了一倍。接着会发生什么？是那里的每个人都多得到一倍的商品，还是该国的物价总水平上涨一倍？……如果你选后一个答案，那么恭喜你，货币主义大师弗里德曼应该判你对。"如果所有的商品价格（包括物价、工资以及我们的存款）都增加一倍，并不对人们的生活造成影响。虽然人们手里的钱不值钱了，但钱的总量增加了，人们手中存款的实际购买力并未下降。

其次，价格管制放开后引发的物价上涨，也不是通货膨胀。政府以行政的方式强行管制某个、某些甚至大部分商品价格，市场并未参与价格调节，此时行政决定的价格往往不能正确反映商品的价值。一旦管制放开，商品价格根据供需关系自由上升。此时商品价格的上升为价值正常回归，并非通胀。

> 价格管制：指政府对处于自然垄断地位的企业的价格实行管制，以防止它们为牟取暴利而危害公共利益。在实践中，价格管制能否可行需要满足以下条件：一是垄断厂商必须能够盈利，否则它将拒绝生产。二是管制成本必须低于社会福利（净损失的消除）。另外，对于价格管制，最困难的事情是确定最优管制价格。如果价格定得过低，垄断者将削减产量。同时，由于价格已经下降，需求量将上升，结果存货会发生枯竭，出现供应短缺。

再者，通货膨胀可能会隐藏在物价相互对冲中。有些人可能会有这样的体会，虽然部分物价上涨了，但总体物价并未突飞猛进，这就是不同产品和服务之间的对冲效应。

事实上，通货膨胀很少表现为物价齐刷刷地上涨。价格上涨最先从一些热门货蔓延，如可替代性差、需求指数高的物品，如房产、粮食、能源、食盐等，这些消费量对价格变化弹性小的商品，最容易成为价格平面的"凸起"。再加上"买涨卖跌"的心理和从众行为作用，资本很容易在短时间内向凸起处聚集，导致商品价格进一步上涨。

相反，制造业和一般服务业价格上涨空间较小，甚至一度处于低迷状态，通货膨胀正是以此为幌子"自由漫行"，人们也有了物价水平不高的错觉。

同时，人们手里的财富如存款、股票投资不容易出现大幅增长，工资提高的速度也停滞或较为缓慢，即财富积累速度低于物价上涨，财富缩水。

而且，人们再也不相信将通货膨胀与社会制度紧密相连这样的判断了，无论是资本主义国家还是社会主义国家，都曾遭遇过通货膨胀的灾难，前南斯拉夫曾经发生过恶性通货膨胀，意大利、日本包括美国都有过通货膨胀的经历。如今，在通货膨胀历史上最"出位"的莫过于津巴布韦，津巴布韦元，一张就是 100 万亿，但只能买到半个面包。2009年，津巴布韦出现恶性通货膨胀，国民经济几近崩溃。

中国的 CPI 到底是个什么情况

CPI 是衡量通货膨胀高低最常见的指标，但中国的 CPI 指数备受质疑。

在中国，CPI 数据是反应通货膨胀的主要指数。但是，中国 CPI 指数存在种种缺陷，没有与时俱进。相当长时期内，CPI 指数的系统样本与体系还在沿用 1992 年确定的地域网点和品类权重。与 1992 年相比，中国经济和消费结构已今非昔比，如房地产市场、汽车市场迅速崛起，买房逐渐成为人们生活成本的大项，但事实上居住类消费在 CPI 中所占权重只有 13% 左右，基数也很低。直到 2011 年，CPI 的权重构成才有所调整，居住类权重提高 4.22 个百分点，食品类权重降低 2.21 个百分点。

借用经济学家谢国忠 2010 年上半年说的一句话："大蒜两年内上涨了近 200 倍，房价日涨千元，到底算不算通货膨胀？"

2008 年开始，中国的房价疯涨，但 CPI 并不能直观地反映出来。相反，楼市还与"连体婴儿"股市一道成为通胀埋伏的前沿地带。大批过剩的资金被楼市、股市吸收，掩盖了资金过度旺盛的真相。

因而，单凭 CPI 数据并不能全面反映通货膨胀程度，它只是通货膨胀的显性指标。房价以及个别产品价格的突然上涨，则是通货膨胀的隐性指标。

从老百姓的角度看，有没有通货膨胀，主要看菜篮子，10 块钱能买多少鸡蛋，多少猪肉，多少大白菜？如果原来 10 块钱能买 3 斤鸡蛋，现在连 2 斤也买不到了，就是钱不值钱了，通货膨胀来了。

那么，房价要不要看呢？当然要看。它虽然没有堂而皇之进入 CPI 指标体系，但与民生息息相关，不管是庙堂之高的"两会"，还是民意聚集的网络，讨论最热烈的问题就是高房价。一套房子，能装下多少个菜篮子？一二线城市，一般家庭用于衣食行的一年消费，3 万元足够了，而且能达到"酒足饭饱"的惬意程度。而买一套 100 平方米的房子，即便地段偏远，至少也要 100 多万元，北京、上海、广州等一线城市更高，至少 200 万元以上。因而，房价花去了人们的多年积蓄，还有可能透支未来的收入。一家人辛辛苦苦攒下的 30 万积蓄，10 年前能全价买下这套 90 平方米的房子，3 年前只够首付，现在连首付都不够了。让老百姓自己做个选择题，是愿意菜篮子里菜的价格涨一倍，还是愿意房价涨一倍？恐怕大多数人会选择后者。

海明威一针见血地指出："管理不善的国家的第一剂万能良药就是通货膨胀；第二个就是战争。二者都会带来短暂的繁荣，都会造成永久的伤害，但是二者都是政治和经济机会主义者的避难所。"

欧内斯特·米勒尔·海明威：美国小说家，出生于美国伊利诺伊州芝加哥市郊区的奥克帕克，晚年在爱达荷州凯彻姆的家中自杀身亡，代表作有《老人与海》、《太阳照样升起》、《永别了，武器》、《丧钟为谁而鸣》等，凭借《老人与海》获得1953年普利策奖及1954年诺贝尔文学奖。

其实"我们大多数人都喜爱通货膨胀"

大家都喜欢通货膨胀前的前兆

倘若是恶性的通货膨胀，谁都要避而远之。

凯恩斯就说过这样的话："要颠覆现存社会的基础，再没有比搞坏这个社会的货币更微妙且更保险的方式了。这一过程引发了经济规律的破坏性一面中隐藏的全部力量，它是以一种无人能弄明白的方式做到这一点的。"

即使是相对温和的通货膨胀，人们提起来也愁眉苦脸。有时，你的收入提高了，你却破口大骂，因为物价上涨的速度高于收入提高的速度，你的存款在银行待了一年，发现加上利息也买不到一年前相同价值的商品了。

没有哪个政府举双手赞成通货膨胀，他们个个说通货膨胀害人匪浅，但从通货膨胀的根源看，政府抵制通货膨胀的决心并不像表态时那么坚定，甚至透出些欢迎的味道来。

举国上下，只有政府控制着印钞机，由它来决定到底印发多少钞票，而通货膨胀的根子就在货币超发上。当然，也没有任何一个政府愿意把通货膨胀的责任揽到自己身上，他们可以找出一大堆理由，譬如消费者消费无度，投机者哄抬价格，阿拉伯国家又提高了石油价格，气候恶劣导致农作物减产等……这些因素的确可以导致某个或某些商品价格上涨，但只是暂时的，不是通货膨胀的根源所在。

话说回来，一旦通货膨胀比较严重的时候，人人深受其害并在大街上骂娘，政府也着急，也会出台政策抑制通货膨胀，并付出巨大的代价。即便如此，很多国家的政府依然是好了伤疤忘了疼，每隔一段时间，又"唰唰唰"地印起了钞票。

政府超发货币，也有它的苦衷。经济不增长，全国人民都不高兴，政府压力也很大，政府总要想出一些刺激消费、增加投资的招数来。不管是刺激消费还是增加投资，都需要钱，增加开支。如果增税，全国人民又不高兴了。借款可以，但最好像美国一样向国外借款又能赖账，如果向本国公众借款，也不得人心。想来想去，还是增加货币数量最妙，既得罪不了公众，又能增加政府收入。所以，政府就时不时以货币经济的办法推动经济增长。

> 货币超发：按照货币学基本原理，一个国家或地区经济每增长出 1 元价值，作为货币发行机构的中央银行也应该供给货币 1 元，超出 1 元的货币供应则视为超发。在新兴市场国家，由于市场化改革等原因，资源商品化过程加剧，广义货币供应量适度高于经济发展 GDP 增长也是合理的，但过高的货币供给却极易带来通胀。

货币超发，一开始挺美好的。票子增多了，公司的产品可以卖出更高的价格，财务报表也"精神抖擞"；更多的资金涌入股市，股价开始上扬，股市日日见红，人们手里的投资赚了；老板手里的银子多了，有时也会提高员工的工资，人们手里的工资条也顺眼了许多。这些都是实实在在、看得见的好处。货币一发，处处好风光，人人都给力，政府也很有面子。事实上，这只是表象。货币刚刚超发时，在向四面八方流动的过程中可能会出现鼓包，而某些鼓包会拉动投资，刺激经济增长。但随着货币发行量增多，时间延长，这些鼓包就会变平，物价上涨，通货膨胀真的来临了。

谁才是通货膨胀的受益者

通货膨胀的祸害显而易见，物价飞涨，市场混乱，人们辛苦创造的财富不断蒸发，政府不得不牺牲公众的福利制服这只猛虎，不管是公众还是政府都要付出巨大的代价。

其实，站在公众的角度，他们对通货膨胀也不是那么深恶痛绝，甚至还有点喜欢通货膨胀。我们都愿意自己出售的东西价格上涨，譬如我们日夜期盼工资上涨，即劳务价格上涨，企业家盼着他们的产品价格上涨。不过，我们也都不愿意看到我们购买的商品价格上涨，下跌最好，保持原价也凑合，如果一路上涨，就有人骂街了。

购买的商品价格下跌，卖出的商品价格上涨，这个如意算盘打得好，但天下哪有只赚不赔的买卖？不发生恶性通货膨胀的前提下，往往是一部分人受益，一部分人吃了苦头，其实通货膨胀就是牺牲一群人的利益让另一群人获益。

通货膨胀有一个"近钱效应"，谁离印钞口最近，就能率先拿到贷款，在通货膨胀来临前把钱花出去，也就更容易获益。不管是用于消费还是投资，先把钱拿到手，并抢先别人一步把钱撒出去，等到货币贬值，他们就狠赚了一笔。在中国，地方政府和国有企业距离印钞口最近。地方政府具有行政优势，贷款容易；国有企业具有体制优势，也能够率先从银行获得贷款购买大量资源。而且，国有企业往往是上游企业，在产业链的前端，议价权大。一旦真的发生通货膨胀，它们的产品也可以说涨就涨，不会因通货膨胀产生太大的损失。

不过，有些人或组织位于货币流通链最低端，他们的运气就没这么好了。一个是他们处于信息盲区，未必会事先获知印钞的信息。即使知道了，也少有机会获得被垄断的货币资源，只能旁观其他利益群体获利。

处于链条下游的企业尤其是中小企业和普通老百姓，往往是通货膨胀的受害者。中小企业在银行拿到的贷款少，更没有机会在第一时间获得货币资源。而且，由于竞争太过激烈，它们在原材料定价上没有话语权，又很难将成本转移到消费者手中，两头受到夹击，生存更为艰难。

普通老百姓也会被通货膨胀洗劫财富。户籍制度、企业用人制度、社会保障制度等的不完善，大量资源被一部分人占有，投资渠道狭窄，医疗、养老、教育等的不完善，大大提高了人们的生活成本，为备不时之需，人们也倾向于将钱存在银行中。一旦通胀来袭，躺在银行里的钱就会急剧贬值，财富缩水在所难免。

通货膨胀是病，得治

所以，通货膨胀是病，需要控制。

控制通货膨胀的政策中，政府可以实施价格控制。政府实施的价格管制主要有两种：一种为临时性的，政府在短时间内控制物品的价格。

金融危机发生后，中国的 CPI 指数较高，为抑制通货膨胀，中国政府实施了暂时性价格干预政策，如：将国家储备投放市场，通过抛售国储米、国储棉抑制市场中的投机与囤积居奇；通过开通 ETC 通道、加强超市与农地对接等降低粮食、蔬菜、猪肉等农产品的投放成本。还有一种干预为长期性的，多表现在对石油、电、粮食等能源或关系国家经济安全的大宗商品进行价格管制。不管是临时性还是长期性价格管制，出发点都是为了平衡宏观经济。

政府价格管制的典型代表是 20 世纪 80 年代的"价格双轨制"。价格双轨制导致产生了计划内和计划外两种价格，并有了一批钻政策空子的"倒爷"，商品价格飞涨。连米尔顿·弗里德曼访问中国时，都提醒中国领导人取消双轨制："不应该把放开价格和通货膨胀混为一体，如果放开价格，仅是部分商品会涨价，在最初几天，人们可能会感到痛苦，但很快会发现价格并不一定会轮番上涨。"

> 价格双轨制：一种商品尤其是生产资料有两个价格，一种价格是国家控制的计划内价格，一种是市场化的计划外价格，其中计划外价格的商品，不但数量少而且价格高。一些具有政府背景和掌握资源的人，"能上天入地"，大批触碰政策高压线的"倒爷"滋生。购货合同被倒来倒去，价格管制反而推高了产品价格。

随后，通过实施一系列价格改革措施，"价格双轨制"逐渐退出历史舞台，但政府的价格管制并未彻底消失。2008 年金融危机后，中国物价上涨，又出现了变相的价格管制，如要求"成品粮及粮食制品、食用植物油、猪肉和牛羊肉及其制品、牛奶、鸡蛋、液化石油气 6 种重要商品须进行提价申报和（或）调价备案"。

　　商品经济越繁荣，就越需要市场自发调节各个商品的价格。以"有形的手"强行干预，虽然出发点是好的，但未必会达到预期效果，甚至导致价格错配，干扰了各类要素的正常价格。就像弗里德曼的"气球论"：气球的一端捏紧，空气就会被赶到另一端，另一端就会膨胀起来。

　　说来说去，通货膨胀的根本原因在于货币超发，与其行政上大动干戈，招致一批市场派人士的"批斗"，不如切断通货膨胀的源头。毕竟，治标不治本的招数用多了，不但耗费时日、精力，还有可能费力不讨好。

"郁金香狂热"只是"货币幽灵"造访的开端

戴一枝郁金香，比开一辆劳斯莱斯还拉风

凭借强大的资本杠杆，货币很容易吹起大泡泡来，不过这个大泡泡很薄，轻轻一戳就破了。有的时候，导致泡沫破裂的因素甚至让人啼笑皆非。

红颜祸水的确有几分道理，一朵花美得炫目、神秘又稀少，也能带来祸端。"货币幽灵"第一次以金融恐慌的面目造访我们这个世界时，嘴里衔的就是一枝迷人的郁金香。

17世纪，高贵典雅的郁金香在欧洲上流社会已经很"混"得开，如果谁能在某个够档次的晚宴上佩戴一枝郁金香，就像现在大腕云集的聚会上拎了LV的包、配了爱马仕的腰带、戴了一条卡地亚项链，的确能为自己挣不少象征地位和身份的面子分。

郁金香成了奢侈品，价格自然不菲。在巴黎，需要花费大约110盎司黄金才能买到一枝上好的郁金香。

资本相对发达的荷兰，沾了地理位置的光，其独特的气候和土壤很适合郁金香的栽培，这让荷兰当地不少郁金香花匠大赚了一笔。郁金香

带来丰厚的利润，让更多的人"羡慕妒忌恨"，荷兰人认为机不可失，失不再来，也就不顾什么身份、职业，从贵族到工人、海员、女仆，大家一股脑地加入栽培郁金香的狂潮中。不过，即使种植郁金香的数量多了，郁金香并未"物以多为贱"，风头依然很盛，缘由是有心计的投资商悄悄加入了"炒作"与"资本化"的佐料，所有品种的郁金香价格反而飞涨起来。

如果是零散资金的小打小闹，可能成不了大气候，最多就像我们经常所经历的某个农产品价格的短暂飞涨，在某个固定的时间段绿豆价格涨疯、棉花价格虚高、大蒜也夸张地卖到 10 元两头……但没过多久，这些被某些游资哄抬价格的商品又会消停下来。可怕的是，在 17 世纪的荷兰，对郁金香的炒作已经到了有组织、有预谋的大规模投机阶段。

1636 年，郁金香被允许在阿姆斯特丹及鹿特丹证券交易所上市，而单株郁金香可以被分割为细股，降低了投资人的投资门槛，鼓励普通民众加入"郁金香狂欢"中。在每一次郁金香球茎的拍卖中，人们个个情绪亢奋，神色紧张，竞相出价，以增加郁金香球茎的储存量。被贪婪和非理性驱使，竞拍中的郁金香的价格也不断上涨，不管最后竞拍下球茎的价格有多么离谱，竞拍成功的人仍是别人羡慕的对象。而且竞拍成功的人也很淡定，因为他能以比竞拍价更高的价格转卖给他人。

投资人越来越多，现实中看得见、摸得着的郁金香被炒得"滚瓜烂熟"了，聪明的荷兰人又开始打起未来的主意，创造了"期货选择权"，即今年可以卖出明年的郁金香球茎，在正式交割前不必付款，只需交割证券市场差价。投资商人、普通民众炒得热火朝天，荷兰政府再也绷不住了，热心颁布了郁金香交易法，设立了郁金香交易特别公证人……

荷兰全民痴迷郁金香，欧洲其他国家的投资人也觊觎这场盛筵，赶来凑热闹，这股狂热在资本市场被演绎得淋漓尽致，导致郁金香的价格更加不靠谱地上涨，有些名贵品种的郁金香，可以卖出一辆豪车甚至一栋豪宅的价格。

苏格兰历史学家查尔斯·麦凯记下了这段在今天看来简直是吃了"迷药"的疯狂景象："谁都坚信，郁金香热将永远持续下去，世界各地都会向荷兰发出订单，无论什么样的价格都会有人付账……无论是贵族、市民、农民，还是工匠、船夫、随从、伙计，甚至是扫烟囱的工人和旧衣服店里的老妇，都加入了郁金香的投机。无论处在哪个阶层，人们都将财产变换成现金，投资于这种花卉。……在没有交易所的小镇，大一点的酒吧就是进行郁金香交易的'拍卖场'。酒吧既提供晚餐，同时也替客人确认交易。这样的晚餐会，动辄会有二三百人参加。"

最后终结者：一个"不识货"的水手

一旦贪婪加剧，非理性发酵，原本充满投资智慧的资本市场就从博弈变成了博傻。

1636 年，荷兰掀起了郁金香投机狂潮，郁金香被炒成天价。

还有些理智的人，也明白郁金香的价格与其合理价值脱轨太远。然而，人们还在疯狂地交易。他们宁愿相信，郁金香热将永远持续下去，世界各地的有钱人都会向荷兰购买郁金香，即使再高的价格他们也会购买。他们不甘心见好就收，认为自己中途退出这场"击鼓传花"的资本游戏，就会损失一大笔钱，是胆小而愚蠢的。在这场疯狂的博傻游戏中，所有的参与者都自信还有比自己更傻的人。但是，当最后一个傻瓜名额用尽时，泡沫就会破裂。

泡沫吹起来快，破裂得更迅速，引发泡沫破裂的导火索甚至会细微到不值一提。

有关郁金香泡沫破裂的原因有两个版本，但无论哪个版本都是漫不经心的个人举动，引发了人们的恐慌，进而导致泡沫"义无反顾"地破裂。

第一个版本是一个不识货的外国水手，竟然稀里糊涂把一个昂贵的郁金香球茎当作洋葱头，和熏鱼一起吃掉了。球茎主人当然不甘罢休，把这个倒霉到家的水手告上了法庭，并引来了很多人的围观。当人们兴致勃勃地猜测这个水手会不会赔得倾家荡产时才恍然大悟，郁金香真的金贵到值一辆马车、一座豪宅吗？一旦暗藏在心底的不安冒出苗头来，就刹不住车了，人们再也不会对"下一个傻瓜总会出现"充满信心了，对自己有可能成为最后一个傻瓜的顾虑越来越重，不再敢接手价格实在高得离谱的郁金香，郁金香价格迅速跳水。

第二个版本则是因为一个金融投机商的"灵光乍现"。某一天，这个金融投机商很沮丧，因为他囤积的郁金香没有在其预期的价格脱手，他突然莫名地担心，其囤积的郁金香到最后可能会一文不值，于是果断地将手中所有的郁金香抛出，换回更让他睡得着觉的货币。人们被他的行为吓坏了，并猛然惊醒，郁金香再美艳也不过是种在花园里供人欣赏，或让达官贵人们在上流聚会上显摆显摆，且不易保存，很容易枯萎，现在价格的确是过火了，郁金香抛售狂潮由此掀起。

一夜间暴富的故事还带着些许余温，一夜破产的故事已迅猛上演。人们热衷炒作郁金香，海量资金被用作投资，其他行业的投资受到抑制，导致荷兰经济出现瘸腿效应。随着泡沫破裂，很多人投资受损或破产，钱包缩水，消费出现萎靡，出现大规模的企业倒闭和失业等现象，引发了经济萧条。

有人指认美联储为大萧条始作俑者

鬼话变成了现实

在一个繁荣兴旺似乎看不到尽头的时节，不合时宜地说一些危言耸听的话，往往是很不讨巧的。

1929 年 9 月 5 日，著名的金融统计学家罗杰·巴布森，在美国商业会议年会上称："一场大崩溃即将到来，而且可能是令人恐惧的……大批工厂将会因此而倒闭，大量工人将会失业……恶性循环将会周而复始，而结果将是严重经济萧条。"台下的人们哄堂大笑，他们觉得这是个黑色幽默。

> 罗杰·巴布森（1875 年—1967 年）：美国商业统计领域的权威，出生于马萨诸塞州的格洛斯特，1898 年毕业于麻省理工学院，1904 年创建巴布森统计机构（Babson Statistical Organization），并通过巴布森报告（Babson's Reports）提供商业与财务统计服务。

大多数人对罗杰·巴布森的预言嗤之以鼻。以欧文·费希尔为代表的经济学家们，信心满满地向普通老百姓宣称，他们正望着一个繁荣的"永久性高原"出神。连刚刚走马上任的赫伯特·胡佛总统都在一本正经地描述"美国梦"："我们尚未达至目标，但我们有机会沿袭过去 8 年的政策，继续向前，在上帝的帮助下，我们很快就会看到，把贫穷从这个国家驱逐出去的日子就在前头。"

> 欧文·费希尔（1867 年—1947 年）：美国经济学家，出生于纽约州的索格提斯，1891 年获得耶鲁大学的博士学位，之后在柏林和巴黎继续研究工作。1898 年至 1935 年，担任耶鲁大学的政治经济学教授。1896 年至 1910 年，担任《耶鲁评论》的编辑。此外，他积极从事社会福利事业，担任过不少公职。

仰视完社会精英的高见以及执政者的豪言，平视自己的生活，老百姓们发现自己的确生活在富庶的高地上。四处都是诸如摩托车、浴缸、电冰箱这样的新技术带来的时髦玩意儿，大幅广告和流行的财富杂志字里行间全是华尔街成功男人快速致富的故事，奢靡与商业的膨胀让人看得眼花缭乱。更重要的是，分期付款提高了普通市民的购买力，成千上万的人都在尝试这个看起来相当顺手的支付方式。而且，赚钱也变得容易了，有近 3 万个股票经纪人，为人们提供"内幕"和"小道消息"，很多人掏钱买的股票是以保证金买来的，他们毫不犹豫地为赚钱抵押上他们的未来。

日子过得如此逍遥自在，谁会相信某个没有眼力劲的人的鬼话呢？

没有想到的是，鬼话变成了让人猝不及防的现实。

1929 年 10 月 23 日，股市出现大幅缩水，大崩盘开始。越来越多的投资者决定撤离资本市场，经纪公司里堆着成堆的卖单，空头们拼命砸盘，每个人都不顾一切抛出手中的卖单。一些银行包括纽约股票交易所代理总裁理查德·惠特尼的托市，只能短时间安抚人心，扑面而来的还是如雪崩般倾泻而来的卖单。

伴随着资本市场的崩盘，危机很快从金融经济向实体经济蔓延，美国经济乃至世界经济以自由落体般的速度向下坠落，漫长的大萧条时代开始了。

从 1929 年到 1933 年，美国国民生产总值从 2036 亿美元降到 1415 亿美元，降幅高达 30%；有 86 500 多家企业倒闭，进出口贸易额锐减 77.6%，其在世界工业产业量中的比重由 48.5% 下降到 1938 年的 32.2%。第一次世界大战以来，德国因通货膨胀困扰难以自拔，英美等投资者为自保抽回资本和债券，德国经济陷入全面崩溃；英、法两国迅速进入萧条期；1931 年 5 月 11 日，维也纳声誉最好的银行——奥地利信贷银行由于法国抽回资本，它已无清偿能力，在奥地利及欧洲大陆引起恐慌；5 月底，匈牙利、捷克斯洛伐克、罗马尼亚等也相继爆发危机……

大萧条最终演变成世界性的灾难。1929 年之前，人们所期望的一眼望不到边的繁荣前景竟是如此短暂和脆弱。1929 至 1932 年的大萧条，为世界经济制造了一道深深的鸿沟，昔日的辉煌一去不复返。

萧条的病症越来越严重，并搅乱了人们的生活。股市大崩盘让普通投资者哭天抢地。1929 年 10 月 24 日被称作"黑色星期四"，一个人在股票交易所记录了他的所见所闻："我看到他们成群地忙着抛售股票。当客户下达指令的时候，我注意着他们的脸。我注意到男人们的头发确实变白了。我看见一位妇女昏死过去，他们便冷漠地把她抬了出去。我还听见一位中年医生在喃喃自语：'我儿子的学费完了。'"多年积累的财富一夜间蒸发，不是一句"千金散尽还复来"的心境就能 HOLD

住的。

更让普通人感到日子难熬的是收入锐减，失业成为家常便饭，人们不得不节衣缩食，以应对这漫漫无边的萧条。不少在家里操持家务的妇女，除了烧茶做饭、缝缝补补，还尝试做一些小手艺，如制作肥皂、泡菜、蜜饯等，以期待换取额外的微薄收入。平常人家的女孩子很少再被时髦的广告吸引而去逛街购物，开始自己动手缝制衣帽。人们也开始在住房上精打细算，父母、子女甚至雇员挤到一起组成特大号家庭。

暂时还能保住饭碗的人家，偶尔还能飘出欢声笑语，失业者则表现得相当沮丧。白天，他们四处寻找雇主，晚上则辗转反侧无法入眠，对大萧条充满了憎恨，同时丧失自信，中断了很多人情交际，他们拒绝依然工作的朋友的聚会邀请，因为他们已拿不出体面的食物回请朋友们。

各大城市里的无家可归者也越来越多，他们衣着褴褛，面无表情，睡在地铁车站、废弃工厂、货运车厢、简易棚屋里，和当地的穷人一起过着食不果腹的日子，甚至只能以垃圾为食。1932 年，有人如此描述在芝加哥贫民窟的一幕："在正卸下垃圾及其他废物的卡车周围，大约有 35 个男人、女人和孩子。卡车刚一离开垃圾堆，他们所有人便开始用棍子（有些人干脆用手）去挖，抓住零零碎碎的食物和蔬菜。"

在这热闹角色里，是谁导演这场戏？

大萧条使人们陷入艰难困苦的生活，官方的乐观主义实在不符合大家沮丧到极点的心情，人们决心揪出导致大萧条的罪魁祸首，以泄众怒。

曾对美国梦大唱高调的胡佛总统首当其冲。在 1928 年的竞选演说中，他对其一贯主张的观点有一个精炼的总结：粗犷的个人主义，主张改良的放任主义、金本位和个人奋斗以及谋利。不过大萧条发生后，他引以为豪的个人主义成了笑料。

> 赫伯特·克拉克·胡佛：美国第31任总统，出生于爱荷华州，毕业于斯坦福大学，政治家，工程师。

股市大跌之前对虚假繁荣的过度纵容，已经让人们气急败坏，大崩盘发生后，胡佛在公众面前一露面就戴上乐观的面具，更让人们不堪忍受。直到1930年，天真的胡佛还说过"你们来晚了60天，大萧条已经结束了"这样的话。胡佛工作认真刻苦，但他缺乏率领美国人走出大萧条的能力，也无法创造戏剧化的效果让人们士气大振。

而且，后来胡佛还接连下出了一系列"臭棋"：为了兑现竞选时提高农产品关税保护美国农业的承诺，不顾1 000多名经济学家的联名反对，在1930年6月17日签署了《斯慕特—霍利关税法案》，结果遭到其他国家针锋相对的报复，世界贸易体系乱成一锅粥；经济泡沫破裂导致政府收入降低，支出增加，胡佛又通过议会通过了提高税率的法案；在慈善救济上，胡佛又表现出其浪漫的自由主义气质，坚持自愿合作和共同努力，这导致人们看到的是美国政府在救济上的畏首畏尾……

事实上，胡佛更像一个替罪羊，因为萧条的种子在他上任前就种下了——生产过剩，消费、投资信贷的过度繁荣。即使股市崩盘后他没有使出这一系列败招，他照样会"躺着中枪"。

除了胡佛总统，美联储是备受指责的"二号罪魁祸首"。

有的时候，因历史剧情中某个关键人物的突然出现或消失，我们很难将某件事情发生的必然性与偶然性区分开来。1928 年，在经济崩盘前的关键时刻，美联储的关键人物——纽联储行长本杰明·斯特朗突然死亡，此人强悍、偏执且有很高的金融天分。在其去世前，他曾说过这样一段意味深长的话："美联储存在的意义在于为美国经济提供保护，以抵御货币利率之类的因素所导致的任何灾难……一旦有紧急情况发生，我们将有能力通过向市场大量注入货币来缓解危机。"

遗憾的是，本杰明·斯特朗的影响力也随着他的去世逐渐散去，群龙无首的美联储在关键时刻做出了不明智的决定。美联储对美国的繁荣远没有胡佛那么自信，为股市出现的过度投机担忧，不断采取货币管制措施，如：以出售债券的方式降低货币供给增长率，通过提高贴现率来抑制成员银行的借贷。这些措施使得 1929 年的货币供给率仅增长 0.4%，而就在 1928 年货币增长率还高达 3.8%。

股市发生雪崩后，美联储依然延续之前的治疗通货膨胀的"泼冷水"策略，在大萧条发生后的几年内，美国货币的供应量减少了三分之一，有 9800 家银行因此倒闭。经济危机爆发，不但股市瞬息万变，连银行也变得不靠谱起来，存款人情绪焦虑不安，他们急着从银行中提出存款，放在保险柜里或者装衣服的箱子、白铁罐里，甚至还真的有人在后院挖个洞埋起来。总之，把钱放在银行最让他们坐卧不安，银行不得不迎接一波又一波的提款潮，有些银行撑不住了，向美联储求助。此时的美联储显得不够大方，他们依然不为所动地执行早年苛刻的借款规定，很多资质优秀的银行也开始走向破产的边缘。

美联储在大萧条时期实施的反常货币政策，使其备受指责。米尔顿·弗里德曼毫不客气地批评："货币力量的重要性不幸被言中……如果货币当局能采取不同的和可行的行为，那么，货币存量的下降本可以避免。并且这样行动将会减轻萧条的严重性，并且几乎能缩短萧条的时间。"①

同时，华尔街一如既往地担任被痛斥的角色，华尔街的银行家们又成为过街老鼠。曾在副总统竞选中遭遇惨败，并因患有小儿麻痹症拖着一副病残之躯的罗斯福，在看来已经没有什么政治前途的时候，成功打败胡佛成为美国新一任总统。

罗斯福上任后对银行业和证券交易业进行了整顿：关闭所有银行和交易所，评估各银行的资质，被宣布处于良好状态的银行逐渐开始营业，逐步提高公众对银行的信心；1933 年 3 月 9 日颁布《银行紧急救助法令》，总统拥有控制信用、货币和黄金的权力，财政部长能够购回黄金和黄金票据；先后签署证券法、证券交易法和公共事业控股公司法，以限制用于投机的银行贷款，限制了股票的操作空间，并将证券交易委员会设置为监管者；1933 年 6 月 5 日，取消美国的金本位制；6 月16 日，通过《格拉斯—斯蒂格尔法》，该法案规定，成立联邦存款保险公司，对 5 万美元以下的银行存款提供保险。该法案还规定，银行只能从储蓄业务和投资银行业务中二选一，很多大银行不得不进行分拆，以摩根为代表的大银行家们的实力也遭到削弱。

罗斯福实施的一系列改革，对于华尔街意义重大，它意味着对华尔街自由形成的投资规则有了更多的约束。

在最后，我们还不得不提及一位大名鼎鼎的经济学家——约翰·梅纳德·凯恩斯，这个自称在年仅 4 岁时就对利息感到好奇的经济学天才，在大萧条时炒股同样赔得一塌糊涂。不过，亏损并没有让他丧失信心，反而斗志昂扬，并在 1936 年出版了《就业、利息和货币通论》。这

---

① 杰里米·阿塔克、彼得·帕塞尔著，罗涛等译，《新美国经济史》，中国社会科学出版社，2000 年 9 月。

本看起来饱含感情并且用词优雅的经济学著作，颠覆了传统理论，并提出了政策建议，而且货币被置于相当重要的位置，书的主题如下：

如果把一国的投资与消费支出加总，就可以得到总的国民收入。如果劳动生产率的提升快于平均收入，就会出现失业问题。

国民收入中的消费部分是跟随投资变化的。如果投资上升了，消费也会上升，因为投资的过程会增加就业岗位与薪金支付。这里面存在萨依定律的元素。

然而，这种关系并不完全是如此简单的。那些用于投资的货币将会持续换手流通，每一个得到这些货币的人都会储蓄一部分，然后把剩余的部分花费出去，这个过程一直到这些货币全部被储蓄起来为止。我们把额外一英镑投资所产生的放大倍数称为"乘数"。因此，投资与消费之间的关系是由该乘数的大小来决定的。

如果人们的储蓄超过了社会投资，经济体系就出现了不平衡。换句话说，收入、储蓄和投资之间的关系可能是平衡的，也可能是不平衡的。

假设现在的投资低于人们当前收入中的储蓄水平，在这种情况下，收入将会出现下降，而且收入的下降也是有乘数效应的。

由于消费者的收入在下降，他们会发现自己的收入不能再按照以前的比例进行储蓄了。这意味着储蓄也会下降，而且会一直下降到与已经降低的投资水平再次相互匹配。

每一次经济危机时，货币的角色从来不应该被忽略。

约翰·梅纳德·凯恩斯（John Maynard Keynes，1883 年—1946 年）：现代西方经济学最有影响的经济学家之一，他创立的宏观经济学与弗洛伊德所创的精神分析法和爱因斯坦发现的相对论一起并称为二十世纪人类知识界的三大革命。

萨伊定律（Say's Law）：也称作萨伊市场定律（Say's Law of Market），一种自 19 世纪初流行至今的经济思想。萨伊定律主要观点是，在资本主义的经济社会一般不会发生任何生产过剩的危机，更不可能出现就业不足。

第六章
黄金沉浮

走向文明核心

再淡定的灵魂，遇到黄金也会折进去

亢奋、迷恋、备受折磨、得意忘形……看到黄澄澄的金子，很多人会在瞬间爆发出多种极端情绪，再淡定的灵魂，也可能被黄金这至高无上的财富象征迷得找不到北。

在长长的人类货币史上，白银曾打败贝壳、皮毛、鱼干、铜块甚至奴隶、胡椒粉、羽毛、石头等，天下无敌手，一度风靡天下，成为中世纪大部分时间以及近代早期的标准货币。但无论在哪个历史时期，黄金都比白银要值钱得多，黄金仍是大宗交易的首选货币，在货币本位的数次争锋中，最终占上风的还是金本位。

"不当吃不当喝"的黄金的确具有天然的"魅惑性"，凡人为之疯狂也就罢了，连不食人间烟火的耶和华也是个黄金迷，要求摩西以纯金装饰教堂，教堂里里外外都应该覆以黄金，家具、器皿和挥着翅膀的小天使，也得是金子做的。

与其说是世人人为赋予了黄金无穷的魅力，倒不如说是黄金"天生丽质"，符合了人们的审美、财富定义，以及对永生不朽的美好向往。

托了化学成分的福，黄金的稳定性超级强大，风蚀、水蚀以及其他任何沧海桑田式的变迁，都不会让黄金烟消云散。在埃及开罗，保存着一副4 500年前的金质假牙，其风采不减当年，据称现代人仍能使用。只要肯下工夫，天然稀缺的黄金就像海绵里的水，挖挖总是有的，不少古代神像、家具、海底沉船、配有插图的手稿甚至某颗先人留下的金牙中，都能找到黄金的痕迹，因为黄金是抗氧化的一流高手。

黄金的延展性也让人刮目，可塑性很强，1盎司（28.35克）黄金可以被拉成绵延50英里（1 609.344米）的金丝，也能被锤炼成100平方英尺的（0.3048平方米）的薄片。人们可以随心所欲地将其打造成想要的模样，金条、玫瑰、佛像、戒指、假牙、眼镜……如果你有足够多的金子和足够精巧的工具，你的创意有多大，黄金的延展性就有多大。

"树大招风"几乎适用于一切古今富人与穷人。不管谁有了大堆黄金，哪怕只有一块，大都希望占有得不显山不露水。黄金非同寻常的密度，为拥有或运输黄金的人提供了便利。1立方英尺的黄金，就重达0.5吨。

还有一点相当重要，黄金数量稀少，遵循了"物以稀为贵"的原理。很难想象，如果黄金的数量多得如同漫山遍野的石头，其物理特性再独树一帜，它的价值也会大打折扣。黄金矿藏无声地隐藏在地球的各个角落，开采与生产的难度都很大。挖掘黄金远不是淘淘沙子那么简单。矿井通道狭窄，空气污浊，温度极高，时不时还有地下水、毒气袭击，不少矿工因此丧命。今天，南非规模较大的金矿，矿井深度就高达1.2万英尺，温度也高达130华氏度。蒂莫西·格林如此描述生产黄金的巨大代价："生产1盎司纯金，需要38个工时，1400加仑的水，一个大家庭10天的用电量，282～565立方英尺的压缩空气，并且产生相当数量的化学物质，例如氯化物、硫酸、铅、硼砂以及石灰。"

黄金的特殊价值，使其一开始就被当作权力、财富、个人英雄主义的炫耀性象征。拥有权力的国王们，总是对黄金爱不释手。在一些隆重的场合，沉甸甸的金冠让他们头昏脑胀甚至眼冒金花，即便如此，他们也依然不肯以其他金属制品替代。

在古埃及，仅有法老有权利使用黄金，通过对黄金使用权的严格限制，渲染王权的神性色彩。古埃及女法老哈特谢普苏特极为痴迷黄金，她曾雄心勃勃地计划在其宫殿内建两根高达 100 英尺的纯金梁柱，后来被大臣劝服，以花岗岩石柱替代，但其柱头也必须用黄金装饰，仅黄金柱头就让人们震撼，连哈特谢普苏特自己都感慨："石柱的高度上达天庭……当太阳从石柱间升起的时候，石柱的两翼流金溢彩……当后人见证这些纪念性宫殿的时候，将会情不自禁地赞叹——'难以想象我们的先人是如何建造如此庞大的金山的。'"

> 哈特谢普苏特（Hatshepsut）：或译哈采普苏特，哈特舍普苏特，赫雀瑟（意为最受尊敬的），古埃及第十八王朝女王，公元前 1503 年至公元前 1482 年在位。

黄金的货币属性

在很久很久以前，黄金就具备了货币属性。黄金扮演货币的角色有多重优势：易于收藏，便于携带，易于辨识，社会认同度高。

据传，早在公元 4 000 年前，古埃及人就开始铸造金条作为货币，金条上刻着古埃及统一后第一代法老美尼斯的名字，古埃及人还规定黄金与白银的交换比率为 1∶10。今日叙利亚人的始祖亚叙和巴比伦人，他们发明了更高级的金条，金条可分为大小块，较重金条上以雄狮装饰，较轻金条上以母鸭装饰。不过，金条上被统治者打上的权威烙印，并未在人们那里获得足够的信任感，他们才不管金条上到底是雄狮还是母鸭，他们更相信为其逐一过秤后的结果。

以金条作为流通手段的好处在于，它是一种真正超越国界的货币，人们使用金条时，无需考虑汇率，金条上雕刻什么样的花纹也无足轻重，重要的是金条真的是黄金，且成色够足。

真正的黄金铸币，是被小亚细亚西部的富裕古国——吕底亚王国约公元前 600 年发明的。货币的产生和创新，大都是商业贸易催生的结果。现在看来，吕底亚王国是一个开放、自由的商业国度，虽然他们的商业水平还局限于肉类、谷物、珠宝、乐器的买卖，而且形式为摆摊，在今天看来基本就是"小商小贩"的低级阶段，但在当时已拔得头筹。商业越繁华，对货币的需求量就越大，人们也逐渐被老土而笨拙的过秤方法搞得不胜其烦，对统一度量衡的需求更为迫切，并趋向精细化。在国王阿迪斯的推动下，原来在吕底亚王国流通的白金（三分之二的黄金、三分之一的白银）逐渐转换为圆形、质地统一且标有清晰图案的铸币。

吕底亚铸币制度发展得最为风生水起的时期，是在一个名叫克洛伊索斯的国王统治时期，他是个狂热的拜金主义者，认为金钱与幸福指数挂钩是"必须的"。他命人回收流通在外的所有白金，通过融化分离出黄金与白银，并创造了新的基本币值单位——斯塔特，斯塔特一面印有雄狮与公牛的上半身像，另一面则印制椭圆形与正方形的标记，斯塔特之下还可以出现三分之一、六分之一、十二分之一等各种面值。

克洛伊索斯还天才般地创造了复本位制，即以银币作为计价单位，规定金银的兑换比率为1：10。克洛伊索斯留下了无可估量的灿烂遗产，其创造的复本位制在以后的历史长河中还将反复出现。经过克洛伊索斯改良后的黄金与白银铸币，在小亚细亚、希腊等地区广泛流通，贸易往来更为畅通无阻，促进了商业进一步繁荣。这种打破国界的铸币流通制度，也为以后的货币改革埋下了火种，以至于很多人认为欧元的雏形正是源于克洛伊索斯所创造的共同货币制度。

> 复本位制：亦称金银复本位制，是指以金、银两种特定铸币同时充作本位币，并规定其币值兑换比的一种货币制度。英、美、法等国在确立金本位以前均曾在18世纪～19世纪长期采用复本位制。

某个货币制度是否兴盛，往往与创造该货币制度的国家的兴盛程度有关，这个国家越强势，势力范围越广，该货币制度就越容易推广。克洛伊索斯货币制度之后，是流行了将近150年的亚历山大铸币制度，其流通范围从东方的印度到西方的希腊、埃及等大部分地区。随着马其顿王国的衰落和罗马帝国的兴起，罗马帝国的货币制度逐渐有了话语权。

让后人印象深刻的是，罗马帝国娴熟地学会了货币贬值，狡猾的罗马帝国之所以玩"掺水"的货币游戏，归根结底在于他们钟爱的黄金总是出现短缺。随着罗马帝国的扩张，它的确掌握了不少黄金资源，黄金年产量也高达5吨以上，但这个不断扩张的帝国花起钱来也相当奢侈。罗马帝国每年需要给士兵支付大量的薪俸以及住房、医疗等社会福利，以维持其与不断扩张相匹配的军事实力，有些黄金铸币有出无进，造成黄金大量流失。例如，印度人就嗜金如命，罗马人用来换购印度香料的黄金，只要落入印度人的腰包，就别指望再能看到这些黄金的影子了。罗马人又奢靡成风，流行以黄金作为饰品，他们甚至以储存黄金的多少来判断一个人的政治地位。对黄金的无度挥霍，导致市场上流通的黄金铸币数量大大减少。

黄金供应不足，难以满足铸币需求，当权者就打起了货币贬值的主意。常用的货币贬值的方法是，在不改变货币面值的前提下减少铸币的贵金属含量，相同数量的黄金或白银就能铸造出更多的铸币。一开始，人们浑然不觉，但没有不透风的墙，而群众的眼睛又是雪亮的，久而久之，人们发现了其中的门道，纷纷将旧币熔解后重新铸币，导致货币的流通量增加，货币贬值。

后来的事实证明，罗马皇帝自以为聪明的做法，以及人们"聪明"地跟风效仿，导致了难以遏制的恶果——恶性通货膨胀。从第一位对货币贬值"情有独钟"的罗马皇帝加里恩努斯到戴克里先被拥立为皇帝的 34 年间，通货膨胀率高达 9%，直到戴克里先实施长达 20 年的币制改革，通货膨胀才有所遏制。

荣耀印记：对国际金本位的膜拜

由于出色的供应量，又适合小规模交易，白银在相当长的时间内扮演基础货币的角色。当然，银币并不是唯一的贵金属铸币，黄金总是一再被执著或狂热的拜金主义者推到货币舞台的中央。

让人纠结的是，该如何定位这两种金属铸币之间错综复杂的关系，它们曾引起无数的纠纷甚至战争。而且，更大的挑战来自于纸币和各种形式的票据，这些层出不穷的金融创新，对它们之间兑换关系的影响，将是对人类货币智慧的又一大考验。

16世纪到18世纪，资本主义国家普遍使用复本位制，复本位制有个相当恼人的问题：由官方规定的金币和银币间的兑换比率是固定的，市场上金银的价格却经常波动，这就为市场投机提供了空间。例如，当黄金实际价值提高时，人们就会将金币重新熔化为黄金，再将这些黄金换成银币，然后不断重复这个过程，以此牟利。

复本位制不但引来如潮的投机，也导致市场上大量"劣币"出现，破坏了金融体系。英国深受投机之苦，最严重的时候已经没有旧银币送进铸币厂，铸币改革变得越来越急迫，到底如何改革，期间也经历了无数争执。

戏剧性的改变来自人类历史上最伟大的科学家之一艾萨克·牛顿的一个建议。1696年3月，牛顿受其好友财政大臣查尔斯·蒙塔古的邀请，担任铸币厂的总监，从此这个神秘而古怪的科学家摇身一变成为一名活跃的政治家。在铸币厂期间，牛顿实施了一系列改革措施，但经济学显然比力学更复杂，牛顿的精确计算、缜密推理，并没有让他如愿以偿制黄金的价格。然而，无心插柳的是，他所提出的对黄金价格的建议——每盎司（纯度为0.9）3英镑17先令10又1/2便士，竟维持了长达200余年的时间，这为金本位制的形成奠定了数字基础。从此，英国金币越来越受到人们的欢迎，人们更愿意使用金币作为储存和流通的手段。从1558年到1694年间，伦敦铸币厂共发行了1 500万英镑金币，其中一半是1663年之后发行的，从1695年到1740年又发行了1700万英镑金币。[①] 1816年，英国金本位制正式确立，银币仅是提用货币，黄金成为公认的价值衡量工具。随着经济霸主英国金本位的实施，越来越多的国家开始追随英国的脚步建立金本位制，国际金本位制逐渐建立起

---

① （美）彼得·L.伯恩斯坦（Peter L.Bernstein）著，黄磊、郑佩芸译，《黄金简史》，上海财经大学出版社，2008年8月。

来。黄金的信誉高到无以复加的地步，金融市场上的金融工具，如纸币、银行存款等，是否能够流通并被人们欢迎，完全与其兑换黄金的便利程度挂钩。没错，只有黄金才是货币的终极形式，是王者，谁也无法超越。

金本位的优势是显而易见的，黄金的权威性根深蒂固，人们甘愿对其顶礼膜拜，货币与黄金挂钩后，人们再也不必担心货币价格随意上涨或下跌。然而，金本位制的运转并非完美无缺，一个主权货币与另一个主权货币的固定汇率，取决于该国金本位的发展程度。一旦黄金储备外流，该国就不得不提高利率，从而抑制进口，影响国内经济。那么，各国政府就面临着两难挑战，发展经济与保证黄金储备，哪个更重要？而且，一旦本国货币的信誉受到极大挑战，人们就会争相去银行兑换黄金，投机商也蜂拥而来，这是对本国黄金储备的巨大消耗。

该来的终究会来，国际金本位制的辉煌远不如黄金本身的品性那般持久。第一次世界大战爆发，各国出现财政赤字，出现了蔑视黄金增发银行券的现象，金本位的基础遭到破坏。第一次世界大战让英国元气大伤，英镑的强势地位也在走下坡路，不过英国并不甘心就此放弃金本位制。经过多方呼吁，靠着霸主余威未消的面子，英国如愿以偿：1925年3月20日担任英国财政大臣的丘吉尔宣布恢复金本位制，不过还是留下了遗憾，1925年的金本位法案并未完全恢复之前的旧制度，英格兰银行的银行券不能再兑换成金币。

1929年—1933年全球经济危机爆发，遭遇危机袭击，又被其他国家追着兑换黄金，英国不堪重负，于1931年的9月21日终止实行金本位制，英镑不再和黄金挂钩，随同国际金本位制一同逝去的还有英镑的霸主地位。

1945年布雷顿森林体系确立后，如日中天的美元取代黄金，成为全球货币，而黄金退居幕后成为货币之锚。然而，即使是这样的"幕僚日子"也没过多久，1972 年美国总统宣布停止美元兑换黄金，黄金失去了货币之锚的位子。

此后，尽管不断有怀旧的人提出重新回归金本位制，但应者寥寥。国际金本位制的出现，需要一个适宜的政治经济环境。金银复本位制的缺陷，淘金潮的汹涌，英国的强势以及对黄金的膜拜……诸多因素让国际金本位的出现恰逢其时。如今，这些因素不复存在，金本位重返货币江湖谈何容易？

经济学家凯恩斯写过这样一段意味深长的话："黄金几乎在世界范围内离开了流通领域。它不再从一个人的钱包跑到另一个人的钱包里，人们贪婪的手也碰不到它了。这些家庭的小神灵，过去待在钱包里、袜子里或铁皮盒子里，现在却被各国藏在地下的看不见的黄金形象吞没了。黄金不见了，它们又回到了泥土里。但是，当这些小神灵不再穿着黄色的盔甲招摇过市的时候，我们开始理性地分析它们。不久之后，一切都消失了。"

那些歇斯底里的"淘金狂"们

官方色彩浓厚的海外掠金

欲壑难填，往往是被大把大把的钱诱惑的时候。如果黄金只是装饰品，一个人再显摆，最多是周身贴满金箔地满大街走，而且让他没日没夜地穿着金衣，恐怕他也吃不消。重要的是，黄金可以当钱花，钱中有"千钟粟"、"颜如玉"，于是就有了一个个歇斯底里的淘金狂们。

人们崇拜黄金的热情一直经久不息，疯狂的淘金潮时断时续。当黄金面临枯竭的时候，往往是淘金潮回归的时候。

15世纪，欧洲曾出现过一次规模浩大的淘金潮，这很大程度上是被黄金短缺逼急了。

对黄金短缺追根溯源，就要回到漫长而黑暗的14世纪。14世纪，是一个"充斥着暴力、痛苦、混乱、困难和分崩离析的时代"，连续不断的饥荒、瘟疫以及战争让人们痛苦不堪，至今听来仍然令人不寒而栗的黑死病，就是在那时席卷欧亚大陆的。但是，权贵阶层依然无法遏制消费奢侈品的欲望，而人们前往条件恶劣金矿工作的热情锐减，又加之持续的战争导致巨额的军费支出和营救被俘者的高额赎金，使得金银等贵金属的数量越来越少。到 15 世纪，金币短缺的状况仍在继续。

经济史学家约翰·戴伊在一篇名为《15 世纪金银大饥荒》中记载道："1409 年，巴黎的钱商们异口同声地抗议，无论出价多高，他们已经无法为铸币厂提供金银了。国内战争期间（1411 年—1435 年），由于受到贵金属短缺、客户资源流失，以及'为防止王国铸币消亡'而对有关金银制品采取新的限制的影响，巴黎的金匠公会迅速地衰亡了。"金银短缺严重的地区，甚至退回到了以物换物的状态，黄金也因此身价暴涨，其价值大大增加。

"只要能找到黄金，就能大发横财"，这个看似无可争议的暴富逻辑，驱使很多人漂洋过海四处猎金，西班牙人、葡萄牙人、英国人、荷兰人和英国人都忍不住加入这场狂欢中去。而且，这次淘金潮具有很浓的官方色彩，他们也愿意给自己的海外淘金找一个体面的理由——"征服异教徒，传播基督教文化"。

穷得揭不开锅的葡萄牙，是第一个"冒险家"。国王约翰一世的第三个儿子——亨利一世，是一个饱含热情且野心勃勃的航海家，他带领他的军队洗劫了位于非洲北部海岸的城市休达，发现西部非洲拥有黄金资源并非空穴来风，他们决定继续沿非洲海岸航行以挖掘一条"黄金河流"。不过，一心一意寻找"黄金河流"的葡萄牙，并未如愿以偿，他们似乎也不怎么热衷成为非洲金矿区的主宰者。他们发现，贸易倒是一条不错的生财之道，与当地土著居民开展了一系列贸易往来。15 世纪 70 年代，葡萄牙人还在西非建立了一个名为圣·何塞·德·麦纳的贸易据点，当地土著居民以黄金购买葡萄牙人的食盐、衣料、水壶、平底锅、珊瑚、白酒等，葡萄牙人以相对和平的商业方式，从非洲淘得大量黄金。

海外探险冒险又刺激，让不少年轻人热血沸腾，织布工的儿子哥伦布也是冒险迷。哥伦布先是向葡萄牙国王请命，结果碰了一鼻子灰，又先后向西班牙、英国和法国君主寻求支持，一开始也被认为毫无可取之处。后来，阴差阳错，西班牙的伊莎贝拉女王被说动，再次把哥伦布召回，落魄的哥伦布才有了崭露头角的机会。哥伦布和他的伙伴们先后到达了巴哈马群岛、古巴、海地、多米尼加、特立尼达等岛，并最终到达美洲大陆。不过，令哥伦布有些沮丧的是，他并未找到黄金遍地的天堂。

随着哥伦布发现新大陆，越来越多的西班牙人前去美洲大陆探险，他们在当地无度开采金矿，并驱使当地的印第安人辛苦劳作。其中为人津津乐道的故事，是目不识丁的军人弗兰西斯科·皮萨罗对印加帝国的征服。1532 年 12 月，骁勇善战的皮萨罗带领他的军队，在印加皇帝阿达瓦尔帕的一处行宫，一处名为"卡萨马尔卡"的山中泉地，以火炮和步枪出其不意地将印加人轰得晕头转向，印加皇帝阿达瓦尔帕也在混乱中被捕。据说，皮萨罗还曾不顾一切保护印加皇帝，并因而手上受伤。这倒不是因为印加皇帝有多尊贵，在皮萨罗眼里，这个相貌英俊的年轻皇帝是他们捞金的砝码。果然，被捕的阿达瓦尔帕很快提出交易条件，如果皮萨罗让他恢复自由，他将在两个月内提供足以塞满囚室的黄金。根据协议，大量黄金源源不断地从加印帝国首都库斯科以及秘鲁地区运抵"卡萨马尔卡"，场面极为壮观。大量黄金被从神庙、宫殿和其他公共建筑上拆离下来，仅从库斯卡太阳神神殿的墙上就剥下 700 块黄金制板，还有酒杯、托盘、花瓶等形式各异的黄金制品。

弗兰西斯科·皮萨罗：西班牙的文盲冒险家、秘鲁印加帝国的征服者。他开启了西班牙征服南美洲的时代，也是现代秘鲁首都利玛的建立者。在西班牙历史上，皮萨罗和墨西哥的征服者科尔特斯齐名。

印加帝国：11世纪至16世纪时位于美洲的古老帝国，其版图大约是今日南美洲的秘鲁、厄瓜多尔、哥伦比亚、玻利维亚、智利、阿根廷一带。首都设于库斯科，阿达瓦尔帕为最后一任帝王，于1533年被西班牙人杀死。

　　这些造型精美的黄金饰品，除了一小部分被皮萨罗作为贡品献给西班牙王室外，其他的则重新被送到熔炉里变为铸币。在这次本来就无所谓对等的交易中，天真的阿达瓦尔帕吃了大亏，皮萨罗并没有兑现之前的承诺，反而给阿达瓦尔帕追加了很多罪名，并对其残忍地实施了绞刑。事实上，出尔反尔的皮萨罗在衣锦还乡之后，也没有颐享天年，最后被他的政敌暗杀。再把目光放到漫长的岁月长廊中，野蛮地巧取豪夺并未给西班牙带来什么好运，暴发户西班牙衰败得一塌糊涂。

19世纪的淘金潮

　　几乎每一次淘金潮的兴起，都源于黄金的价格飙升。英国创造的国际金本位制，使得黄金最终取代白银，世界各地也逐渐接纳了金本位制。

　　黄金在世界货币体系中所扮演的日益重要的角色，驱使人们再次掀起淘金潮。与15世纪官方色彩浓郁的海外淘金不同，这次淘金潮中充当淘金先锋的是具有冒险或先驱精神的个人。

　　美国加利福尼亚州疯狂的淘金故事，是从萨特磨坊开始的。

　　发现黄金，对于某些人来说是创造一夜暴富神话的契机，对于某些人则是灾难。这个叫约翰·萨特的人，其悲剧就是从人们在他的领地发现黄金开始的。

在萨克拉曼多河谷定居的萨特，日子本来过得很优哉游哉，他的那个名为新赫尔维蒂的领地相当富饶，有上万头牛羊、4 万蒲式耳电力，还有面包房、制革厂、制毯厂……不幸的是，他的首席技师詹姆士·马歇尔在建设锯木厂时发现了黄金，忧心忡忡的萨特决定封锁这个消息，但有女人和威士忌酒这两样传递消息的"大喇叭"，萨特磨坊有黄金的消息很快被泄露。消息流传到哪里，哪里的人们就癫狂起来，离开世代生活的家园不顾一切地奔向加利福尼亚州。

圣弗兰西斯科在新闻中曾如此报道："从圣弗兰西斯科到洛杉矶，从西海岸到内华达山脚下，整个国家到处都回响着尖锐的叫喊声：黄金！黄金！田野荒废了，房舍遗弃了，所有的人都奔向金矿，有些人骑马，有些人坐车，有些人拄拐，有些人甚至坐轿。几乎所有的企业都停止了营业，海员把船舶抛在圣弗兰西斯科海湾，士兵离开了他们的营房，仆人离开了他们的主人，涌向金矿发现地。"

除了美国人，英国人、德国人、法国人以及中国人，也成群结队地涌向加利福尼亚州淘金。的确，这些疯狂的淘金者也得到了回报，1848年，在萨克拉曼多河谷聚集的淘金者，平均每人可以淘到 1 ~ 3 盎司黄金。加利福尼亚也因此暴富，其产值从 1848 年的 500 万美元飙升到 1853 年的 6 500 万美元。

不过，并不是所有的人都有好运气，萨特就很倒霉。

人一旦疯狂起来，而且疯狂的人数积累到一定数量，就很难想象他们会做出多少越轨的事情来。萨特曾经神圣不可侵犯的财产私有权被肆意侵犯，威严的法律条文已经无法保护萨特的财产，萨特被扑面而来的淘金潮严重困扰："我所有的计划和项目都付诸东流，一个接着一个，我的所有工人都消失在通向金区的道路上……只有病人和跛子留在家中……1848 年我所蒙受的损失难以计数。我的家产完全敞开，无法保护，被那群乌合之众肆意取用……我孑然一身，那里简直就没有法律。"

倒霉的人不止萨特一个，并不是所有淘金的人都能发大财。当太多的人拥挤着奔向加利福尼亚州时，有些人开始了天马行空的想象：加利福尼亚州有着诱人的矿脉，美洲大陆如此辽阔，肯定还有其他金矿。很多拓荒者开始了艰难的探险，途中由于环境恶劣不少人丧了命，有些人无功而返，有些人虽然发现了梦寐以求的"黄金河"或"黄金湖"，但等他们踌躇满志带着大班人马回来时，那些曾让他们欣喜若狂的"黄金河"或"黄金湖"消失了。

有些人在美国淘不到金，转而向更远的地方圆他们的淘金梦。一个名叫爱德华·哈格雷夫的澳大利亚人，在加利福尼亚州淘了两年的金，结果两手空空，决定打道回府。1851 年 2 月 12 日，在澳大利亚，连连遭遇坏运气的他碰上了好运气，他在澳大利亚新南威尔士州的巴瑟斯特晒出了黄金。如此挑逗人们神经的新闻，很快从当地传播到整个澳大利亚，并漂洋过海传到欧洲、美洲和亚洲，人们向新的淘金区涌去。随后，人们还在墨尔本、维多利亚省、昆士兰省、西澳大利亚省陆续发现金矿，大量黄金源源不断地被运往世界各地。

有些人胆大包天，连黄金都玩大票

站在总统身边，混个脸熟

美国的华尔街有无数个投机分子，日夜策划着进行这样或那样的投机。其中，让人看着最过瘾的莫过于古尔德和菲斯科玩的黄金操纵案，要知道，在国际金本位制盛行的年代，黄金是实打实的硬通货，能将黄金玩得溜溜转，还要瞒过众多投机商敏锐的嗅觉，的确需要胆大包天但又细如发丝的投机手段。

杰伊·古尔德精明而世故，很善于投机取巧，他自己也丝毫不掩饰他的世故，他说："在共和党的领域里，我是一个共和党人。在民主党的领域，我是一个民主党人。而在多疑者的领域，我就是一个多疑者。"他的搭档吉姆·菲斯特则让人看着舒服得多，喜欢大笑，擅长营销。很多时候，乐观开朗的人，可能会让人认为他城府不深。后来的事实也证明，菲斯特的确没有古尔德精明，他一直不遗余力地参与操纵黄金，到最后他输得一无所有，成了古尔德"狡兔死，走狗烹"的可怜棋子。

> 杰伊·古尔德：现代商业的创始人，19 世纪美国铁路和电报系统无可争议的巨头，"镀金时代"股票市场的操纵者。他在 1869 年对黄金市场的狙击导致了被称为"黑色星期五"的大恐慌。他创造的操纵市场、筹集资本、吞并竞争者的新手段，很多业已成为如今金融市场标准的操作模式。

投机，说到底就是钻漏子。狡猾的古尔德，经过对美国金融的多方考察，发现了美国货币体系中不少致命漏洞。

1862 年美国第一次发行绿钞时曾规定，绿钞与黄金等值，按照"劣币驱逐良币"原则，人们将大量黄金藏匿起来。国会见形势不妙，很快废除了这条规定，但忽略了另外一个条款——对于那些必须用黄金履约的合同，也可以用等价的绿钞来履行。尽管黄金交易室规定履行黄金合同必须以黄金交割，但如果古尔德玩黄金大票的计划搁浅，他就可以光明正大拿出"对于那些必须用黄金履约的合同，也可以用等价的绿钞来履行"作为拒绝支付黄金的再由。

> 绿钞：1861 年，美国为了筹措南北战争军费发行了无息"即期票据"，其背面为绿色。"绿钞"因而得名。

而且，黄金的交易保证金非常低，只投入部分绿钞，就能够买到大量黄金。通常情况下，投入 50 000 美元，就能按照期货合约购买价值高达 1 000 万美元的黄金。虽然市场上流通的黄金并不多，但黄金交易所已是买卖得热火朝天，因为炒作黄金并不需要太多的本钱。古尔德的野心比任何一个黄金投机商都要大，他要买断纽约黄金市场上的所有黄金。当时的黄金市场上黄金大量稀缺，如果古尔德能垄断整个纽约黄金市场，黄金市场价格会被古尔德操纵于股掌之间。

好戏必须有热心人的参与，古尔德要做的是对投机者的投机行为再次投机，这样才能产生巨大的杠杆效应，所以必须有黄金投机者参与。古尔德瞄准的猎物是卖空黄金的人。卖空黄金的人，很多是财大气粗的贸易商。由于黄金还是商业活动尤其国际贸易中的支付手段，而贸易合同签订与黄金交割之间会有一个时间差，在该时间段内如果黄金价格下跌，贸易商就会受损。为弥补价格下跌，贸易商往往会在黄金市场上给自己留一手——卖空他们将要收取的等值黄金，这样即使黄金价格下跌，他们因此受损的利益会在黄金市场得到弥补。一旦黄金市场被古尔德控制，拉高黄金价格，这些精明的卖空者将会损失惨重。

不过，古尔德要完美实现他的计划，前提必须是他能够垄断黄金市场。他可以利用杠杆效应买断纽约市场的黄金，但锁在财政部的1亿美元的黄金，则是他可望不可及的。一旦当时的总统格兰特决定出售部分黄金，他的计划设计得再天衣无缝也要泡汤。

古尔德四处寻找门路与格兰特套近乎，发现格兰特的妹夫埃布尔·拉恩伯恩·科尔宾是个很好的突破口。科尔宾是个律师，也是嗜财的投机商，古尔德以面值150万美元的无保证金黄金交易合同就把科尔宾搞定了。在科尔宾的安排下，古尔德有了几次与格兰特总统接触的机会，尽管前几次只是混了个脸熟，也没有从格兰特嘴里套出更多他对黄金的明确看法，不过这也为以后古尔德说服格兰特铺了路子，而且古尔德也成功地包装了自己——他是总统面前的红人，他和总统的关系不一般！

古尔德连他的铁杆盟友都能"涮"

古尔德认为一切尽在掌握，1869 年夏天开始，大量购买黄金。到了秋季，农作物被大量出口，贸易商开始卖空，这导致黄金价格有所下跌，古尔德依然不动声色继续增仓，他还让科尔宾设法说服格兰特，财政部不能擅自进行任何非常规的黄金出售，除非有总统的指示。

古尔德鼓动一名叫做亨利·史密斯的交易商和其他五六十名交易商一起为他购买黄金，他们几乎收购了市场上所有的黄金，当市场上无黄金可卖时，古尔德就利用远期合同继续购买。黄金价格上涨到 146 美元时，古尔德手中已经囤积了价值 4 000 万美元的黄金合同和价值 1 500 万美元的黄金现货。

不过，计划没有古尔德预想得那么顺利，金价停在了 146 美元上。古尔德敏锐地感觉到，或许有人听到了格兰特要出售黄金的消息，听到小道消息的人可能谨慎地要收手或抛售黄金了。心急如焚的古尔德与科尔宾密谋必须转变格兰特的态度，科尔宾这次果然很幸运地说服了格兰特，格兰特答应不再干预市场。

古尔德一方面与他的老朋友联手购买黄金，另一方面也让他的老朋友菲斯特制造黄金即将大涨特涨的谣言。之前已有了古尔德与格兰特关系不一般的铺垫，人们对谣言深信不疑，更多的人参与到这场很不靠谱的黄金交易中，除了早就被忽悠得晕头转向的投机商们，普通人如医生、教师甚至农民拿出为数不多的积蓄购买少得可怜的黄金。眼看着黄金价格指示器上的指针，冲向一个又一个高处，卖空的交易商们如百爪挠心，他们真的无法确认这个见了鬼的黄金到底会不会跌了，缓兵之计只能是跟着古尔德一起高价购买黄金。

黄金价格扶摇直上，美元汇率被冲击得七零八落，人们正陷入"黄金价格可以无限上涨"的癫狂炒作中，格兰特再也不相信他妹夫所说的什么鬼话"总统不必干预市场"，财政部决定出售黄金。古尔德从科尔宾那里获得了消息，但自私的他并没有把这个消息告诉盟友菲斯特，他需要悄悄撤退。拿拉斯·维特德的话来说就是，"他仍然持有一些黄金存货以及价值3 500万美元的远期合同——要想把这些都悄悄卖掉，无异于牵着一头大象经过餐馆而不让人知晓……他首先决定撇下菲斯特。一头大象或许能够不注意地潜行离开，而如果两头大象一起行动而不被发觉，那是万万不可能的。"古尔德要牵着"大象"撤退，还得让菲斯特打掩护。不明就里的菲斯特继续买入黄金，而古尔德则不断卖出，直到卖得干干净净。等到黄金的价格涨到165美元的时候，财政部宣布将要卖出黄金。

古尔德让很多人输得很惨，他也在华尔街臭名远昭，菲斯特对他极其痛恨，说他"除了一堆衣服和一双眼睛，便一无所剩"。接受国会调查时，古尔德并不认为自己有多贪婪，他说："我并不想买那么多的黄金……但是所有这些人都加入到了卖空的行列，所以，为了维持金价，我必须买进，否则只能像一个懦夫一样退却放弃。他们会一直把黄金卖给你的。我从未打算买进价值多于400万或者500万美元的黄金……我并没有打算囤积黄金。"

亨利·亚当斯有一句定论："操纵黄金市场是最辉煌的，但也是最危险的，也许正是这种辉煌和危险，使得古尔德先生对其极其着迷。"

第七章

汇率乾坤

"货币赌徒"索罗斯利用汇率绞杀过多少货币？

狙击英镑：索罗斯的大手笔

金融巨鳄索罗斯的确是个胆大的人，连老牌资本主义国家、曾经的经济霸主英国，他都敢搞袭击。

索罗斯是个投资天才，更是个投机天才，索罗斯的一位同事罗伯特·米勒这样评价他："索罗斯具备一种技巧，在有些思想还未显露的时候，他就能拨开云雾，找到一线曙光……他很确定自己为什么应该买入或者不买。索罗斯另外一个突出的能力就是，一旦他意识到自己错了，他会马上改正，毅然抽身。"

按理说，虽然英国的霸主位子被夺走了，但怎么着也积攒下不少家底，英镑也没衰落到任人欺压的地步，索罗斯想要狙击英镑并不容易。关键因素在于，索罗斯选择了一个好时机。

1979 年 3 月 13 日，欧洲成立了欧洲汇率体系，欧洲国家纷纷加入。英镑也在被邀请之列，加入还是不加入，英国犹豫了很久——曾经的货币霸主真的沦落到要与曾经的二线、三线甚至没有线的货币为伍？不过，好汉不提当年勇，保住眼前利益最重要。经过慎重考虑，英国还是选择了寻找盟友。

1990 年，英国决定加入欧洲汇率体系，不过它的加入也是有条件的——拒绝放弃英镑。在欧洲汇率体系中，欧洲货币单位是欧共体成员国商品劳务交往和资本流动的记账单位，西欧各国的货币不再与黄金或美元挂钩，而是互相挂钩；每一种货币都有自己的汇率浮动范围，一旦超出这个汇率浮动范围，各成员国的中央银行都有责任对市场进行干预，以保证该国的货币回到汇率浮动范围之内。

加入欧洲汇率体系也不是完全不分你我，也有强有弱，譬如德国就很强势，德国马克在这个货币体系中很有分量。在加入欧洲货币体系之前，英镑与德国马克的汇率已经偏高——1 英镑兑换 2.95 马克。1992年 12 月 7 日，欧洲共同体签署了《马斯特里赫特条约》，成立了欧洲货币联盟。在这个条约中，有些欧洲货币如英镑、意大利里拉等明显被高估，他们的经济步调难以与德国保持一致，面临着巨大的降息和贬值压力。

> 欧共体（European Communities）：又称欧洲共同市场，西欧国家推行欧洲经济、政治一体化，并具有一定超国家机制和职能的国际组织。欧洲煤钢共同体、欧洲原子能共同体和欧洲经济共同体的总称。

在《马斯特里赫特条约》签订不到一年的时间内，英国就表现出不合节拍的状态。经济困难期，英国不可能维持高利率，唯有低利率才能刺激本国经济发展，但如果德国的利率不下调，英国擅自降低利率，就会削弱英镑，甚至英镑有可能被迫退出欧洲汇率体系。与英国的降低利率政策形成鲜明对比，德国由于投资过热，实施银根紧缩政策，拒绝了英国的降息要求，反而在 1992 年 7 月把贴现率升为 8.75%，英国不得不霸王硬上弓，勉强维持英镑对马克的汇价。德国的高利率导致外汇市场上出现抛售英镑、里拉的情况，抢购马克成风，里拉和英镑的汇率大跌。

> 银根紧缩：银根指的是市场上货币周转流通的情况。因中国 1935 年"法币改革"以前曾采用银本位制，市场交易一般都用白银，所以习惯上称资金供应为银根。银根有紧松之分，判断依据是资金供需状况。如果市场上资金供不应求，称为"银根紧俏"或"银根紧"；市场上资金供过于求，称为"银根松疲"或"银根松"。银根紧缩也就是市场需要货币少而实际流通于市场的货币量过大，银行所采取的用以减少流通中的货币量的措施。

英国的软肋很快被索罗斯锁定，从 1992 年 9 月开始，索罗斯等人开始狙击英镑、意大利里拉。仅索罗斯一个人就抛售了 70 亿美元的英镑，并购入 60 亿美元的马克。9 月中旬，危机全面爆发，里拉即将贬值的谣言四起，9 月 13 日，贬值 7%。9 月 15 日，索罗斯决定大量做空英镑，英镑对马克的比价一路下跌至 2.80。英国政府下令英格兰银行购入 33 亿英镑来干预市场，不过效果不大，英镑被逼到退出欧洲汇率体系的悬崖边上，英国政府再次向德国求助，德国再次拒绝，英镑兑马克的比价再次下跌，并跌到 2.778。

被逼无奈，英国只得认栽。1992 年 9 月 16 日，英国财政大臣诺曼·拉蒙特表示："今天是一个极度困难、极度动荡的一天。巨大的资金流持续地扰乱欧洲汇率机制的运作……与此同时，政府决定，只有结束我们在欧洲汇率机制中的成员国身份，才能保障英国的最佳利益。"

对于英国，这是个耻辱的印记。对于索罗斯，这是个很完美的投资之旅。各大媒体争相报道索罗斯的惊天之举，1992 年 10 月 24 日，伦敦《每日邮报》的标题是"英镑崩溃，我狂赚 10 亿"，其导语则是"一位国际金融家从上个月的货币危机中赚了将近 10 亿美元"。1992 年 10 月 26 日的《泰晤士报》称："索罗斯承认从英镑崩溃中赚了 10 亿美元，他虽有些尴尬，但无法掩盖恶作剧式的自我满足感。"

英国人对索罗斯恨得咬牙切齿，索罗斯却不以为意，他说："对于从英镑贬值中赚钱，我一点也没有感到悔恨。正如事情发生的一样，贬值可能还是件好事。但是这里的关键是，我并不是通过投机英镑来帮助英国，我也不是通过投机来伤害英国。我这么做的目的纯粹是为了赚钱。"

高调繁荣的代价：亚洲金融危机

经济的树大了，就不可避免地招投机主义者的风。

在投机者看来，隐藏着无穷玄机的汇率，最容易成为他们投机的对象。借助汇率，他们甚至可以操纵一个国家的经济走向。

1997 年的亚洲金融危机，就是因为汇率不稳，被金融大鳄索罗斯钻了空子。

投机者要选定某个地区兴风作浪，也要斟酌一番。首先，该地区或国家得有油水，如果清汤寡水，这个地方被整得再惨，可能都搜刮不到什么东西；其次，该地区或国家的金融体系得有漏洞，投机者有可乘之机。

自 20 世纪 90 年代开始，经济日渐繁荣的东亚，吸引了华尔街金融家的目光，也让他们看到了发财的机会。

日本率先走出第二次世界大战的阴影，越来越多的日本企业如索尼、松下、先锋、丰田、三菱等跻身世界名企阵容，日本由此成为东亚经济发展的龙头，成为仅次于美国的第二经济强国。20 世纪 70 年代，新加坡、韩国、中国香港、中国台湾抓住良机，成为世界经济发展最快的国家或地区，"亚洲四小龙"光环光彩熠熠；80 年代，马来西亚、泰国、印尼、菲律宾奋起直追，经济势头豪气干云，成为"亚洲四小虎"。1979 年改革开放以来，中国经济也以一日千里的速度高歌猛进，经济增长速度令西方国家望尘莫及，越南、老挝、缅甸的经济也一路唱好，环太平洋经济圈呼之欲出，亚洲成为经济热土。

早在 1993 年，在瑞士达沃斯世界经济论坛上，新加坡新闻部长杨荣文很得意地表示："亚洲将成为世界真正的领袖。"新加坡资政李光耀也在第四届欧洲和东亚经济首脑会议上语惊四座，认为今后 30 年，亚洲经济平均增长率将达到 6%，到 2050 年，东亚经济总值将占世界的 40%。西方媒体也迅速跟风，如美国的《新闻周刊》称：只要到 2 000 年，东亚地区的 GDP 将占世界 GDP 的 30% 以上。

> 李光耀：新加坡华人，曾任新加坡总理、国务资政以及内阁资政。为新加坡的独立及崛起作出卓越贡献，被誉为"新加坡国父"。

高调大发了，自然盯梢的就多。华尔街的投资者个个不是吃素的，"善良"的还算中规中矩，试图在亚洲寻找投资机会。在西方国家眼中，亚洲有人口红利，在这里开展贸易，将对自己的经济大有裨益。亚洲的低税收、低劳动力成本的优势吸引了大量资本。亚洲成为资本洼地，越来越多的资本尤其是热钱涌向亚洲，"招商引资"成为亚洲各国经济发展的法宝。仅 1997 年，就有 1362 亿美元外资流入亚洲的 8 个国家，其中 610 亿美元以股权投资的形式进入。

而那些并非善类的资本，就想做做其他文章了。繁荣之下，尤其是高度繁荣之下，往往隐藏着大量风险，资本过多涌入，导致资本泡沫越来越多，出现高烧现象。但大部分领导者浑然不知，没有及时减速或踩急刹车，该吃退烧药时甚至还在加温。

此时，亚洲地区的经济状况已经很合投机者的胃口，一是经济高速发展，有油水可捞；二是繁荣缺乏根基，容易被伏击。华尔街的投机者开始出手了，以索罗斯为代表。

在东南亚各国中，泰国的漏洞最大，最为脆弱。从 1984 年起，泰国就实施一篮子货币的汇率制度，与美元共进退。到 1995 年，美元走强，泰铢也大幅升值，这大大削弱了泰国出口企业的竞争力。泰国的贸易逆差不断扩大，到 1996 年，泰国的出口增长从 1995 年的 24% 下降到 3%。同时泰国的外汇储备多为短期外债，家底并不殷实，具有很强的可操控性。

为解决贸易赤字，泰国政府降低投资门槛，吸引大批外资进驻，海量国际资金进入泰国的暴利行业——泰国股市和房地产。受海量资金刺激，泰国股市和房价一路看涨，吸引了更多的投资者，他们不断以手中被严重高估的股票和房地产作为抵押，从泰国银行获得大量贷款，不良贷款如雪球般越滚越大。至 1996 年，泰国商业银行不良资产达到 1 兆7800 亿泰铢，不良资产率高达 35.8%。更危险的是，泰国政府还沉溺在泡沫堆砌的虚假繁荣中，并没有给经济降温。

1997 年初，索罗斯、罗宾逊、摩根士坦利等对冲基金先后向泰铢发起两次"总攻"，大量借入泰铢，在外汇市场上兑换成美元，泰铢汇率直线下跌，到 5 月 16 日，泰铢跌至 10 年新低，26.75 泰铢兑 1 美元。惊慌失措的泰国政府紧急动用 100 亿美元，才勉强把汇率维持到 25 泰铢兑换 1 美元。以索罗斯为首的国际资本的两次进攻，导致泰国金融体系元气大伤，外国金融机构趁机停止贷款。泰铢一再贬值，降到 30 泰铢兑 1 美元的低谷。到 7 月 2 日，泰国政府不得不宣布放弃钉住汇率制度，实施浮动汇率制，7 月 23 日，泰币汇率已跌至 32.1 泰铢兑换 1 美元，8 月 5 日，泰国央行关闭 42 家金融机构，泰铢陷入崩溃。

浮动汇率让泰国人着了慌，为保值，他们不得不将泰铢兑换成黄金，泰国黄金价格一夜暴涨 7.2%，索罗斯等投资者则将事先低价买进的金条全数抛出，赚得合不拢嘴，随后金价又一路走跌。在索罗斯的强势攻击下，泰国经济陷入萧条。股市、房市纷纷走衰。

采用类似的招数，索罗斯等又先后攻下菲律宾、印度尼西亚、马来西亚和新加坡，各国瞬间损失数百亿美元，而索罗斯的量子基金获利至少 30 亿美元。

索罗斯因狙击亚洲经济而在亚洲臭名远昭，被攻击的国家个个对其咬牙切齿。索罗斯很不以为然，他说："在金融运作方面，说不上有道德还是无道德，这只是一种操作。金融市场是不属于道德范畴的，它不是不道德的，道德根本不存在于这里，因为它有自己的游戏规则。我是金融市场的参与者，我会按照已定的规则来玩这个游戏，我不会违反这些规则，所以我不觉得内疚或要负责任。从亚洲金融风暴这个事情来讲，我是否炒作对金融事件的发生不会起任何作用，我不炒作它照样会发生。我并不觉得炒外币、投机有什么不道德。"

对于资本来说，贪婪是其本性，对于投机也很难以道德约束，亚洲金融危机的根源不在于索罗斯有多凶狠和贪婪，而在于各国汇率制度本身就存在漏洞，其堆砌的繁荣根基不稳。

人民币升值到底亏不亏？

奥巴马也像祥林嫂

对于人民币升值，美国总统奥巴马就像祥林嫂，不厌其烦地跟中国唠叨，人民币该升值了。多次"苦口婆心"的劝说无效，奥巴马甚至还摆出一副"泼妇"的姿态来，认为中国爱耍花招，存在不公平交易，操控汇率，严重伤害了美国经济。

还有一大批与奥巴马站在同一条战壕里的金融家、经济学家们，试图以厚厚的学术眼镜为说服工具，希望中国"为本国利益考虑"积极升值：高盛经济学家"好心"提醒，人民币升值可为中国过热经济"泼冷水"；几次利用汇率把亚洲四小龙、英镑搞得灰头灰脸的金融大鳄索罗斯也发起"善心"，呼吁如果人民币一次性升值到位，可以转移中国的通货膨胀；美国经济学家保罗·克鲁格曼也毫不客气地指出中国目前的汇率政策让世界经济的脸色更难看，"中国的汇率政策已经影响到世界上许多经济体，也榨干了本已深陷危机的全球经济。针对这种情况，又不能通过降低利率的办法促进经济复苏，因为很多国家相关利率已经接近于零。中国经济在贸易顺差的刺激下，实质上对其他经济体产生了一定的副作用，而这样的副作用也难以抵消。"

美国人急赤白脸地要求人民币升值，大有人民币不升值不足以平世界人民之民愤的"大义凛然"。事实上，自从2005年实施参照一篮子货币的、有管理的浮动汇率机制以来，人民币一直深一脚、浅一脚地走在升值的路上。

2005年7月21日，中国人民银行正式宣布出台完善人民币汇率形成机制的改革方案。中国人民银行行长周小川对此的解释是："第一条就是我们这个汇率将来不再盯住一个单一的货币，也就是单一的美元了，而是参照一篮子货币，同时根据市场供求关系来进行浮动，这是一个内容；第二个内容就是汇率将是浮动的了，而且浮动的区间也是合理的；第三个内容就是我们做了一个初始的汇率水平的调整，是2%。"2005年7月21日晚7时，人民银行宣布1美元兑8.27美元人民币汇率调整为1美元兑8.11元人民币，打开了中国的汇率之门。

自此，人民币升值便刹不住车，整个2007年，人民币升值幅度高达7%，从7.8到7.3，而到2008年4月11日，人民币突破7.0这个关键点位，达6.992，迎来6元时代。

国际舆论来势汹汹，要求人民币非得升值不可，与其他货币相比，人民币的确坐上了升值的火箭。

人民币到底该不该升值

人民币到底该不该升值，人们莫衷一是。

人民币升值意味着同样钞票能在国外买到更多的东西，这对出国旅游、购物是好事，说白了，就是能花更少的钱，办更多的事儿。外贸企业中的进口企业，也觉得人民币升值很给力，为他们的海外采购节省了不少银子。

有的时候，有关未来的信号比赤裸裸的现实更能振奋人心。比人民币升值更能让投资者疯狂的是对人民币升值的预期，人们越认为人民币值钱，各国和居民就更愿意持有人民币，这是人民币国际化之旅中的强大的世界民意支持。

> 人民币国际化：指人民币能够跨越国界，在境外流通，成为国际上普遍认可的计价、结算及储备货币的过程。尽管目前人民币境外的流通并不等于人民币已经国际化了，但人民币境外流通的扩大最终将导致人民币的国际化，使其成为世界货币。

人民币升值还能为日益火爆的通货膨胀降温。原材料成本的上涨及美元缩水，使数以万计的大宗进口商品价格大幅上涨，进口商品的高价待遇让国内产品也按捺不住低价的寂寞，通货膨胀开始在国内小跑。因此，人民币升值会降低进口商品的价格，提高出口商品的价格，削弱物价上涨的压力，为处于高热期的通货膨胀降温。

不过，人民币升值也是几家欢喜几家忧，对于出口型企业尤其是大量的"中国制造"企业，他们一提起人民币升值就唉声叹气。人民币值钱了，美元贬值了，意味着外商需要花费更多的美元来获得相同的订单，外商成本骤增。外商与中国制造之前的关系再"亲如兄弟"，一旦上纲上线到成本利润，也是"无情无义"，他们开始寻找新的下家，譬如印度、越南，总之哪里成本低，哪里就有他们生意场上的好兄弟。

人民币升值和金融危机导致的世界市场萎缩、原材料成本上涨、人口红利结束以及信贷紧缩，一起把"中国制造"推向危险境地。官方的说法就是转型，民间的说法是活不下去了，悲观的说法是完蛋了，乐观的说法是勇敢的中国制造正经历涅槃前的阵痛。"中国制造"走到生死关头，有些中小企业扛不住，一不留神就滑到停产、破产的边缘线上，导致中国实体经济发展出现问题。

当然，商业世界本来就奉行优胜劣汰的规则，洗牌淘汰一批弱者也无可厚非，只是如果洗牌的环境过于残酷，加之人民币升值幅度过大，除了升值又有信贷紧缩雪上加霜，如此前后夹击，一些优质企业也可能被这蜂拥而至的浪头打得死在沙滩上。

树大了，招来的风未必都是温煦春风，也有可能招致祸端。人民币升值的预期，势必吸引众多海外投资者涌入中国，但进入中国的大多数资本很多不是中规中矩的投资，而是投机。稍有不慎，老实的中国人就有可能被海外资本市场上的江湖老手钻了大空子。人民币一旦大幅升值，海外投资者会将投资转向短、平、快类行业，如股票、证券、房地产等。投资者赚到钱后，立刻脱手。如此一来，将不利于行业扩大再生产，直接影响到资本的流动，加大同行业中国企业的经营风险。不少投机者还会把美元资产摇身一变为人民币资产，大量外汇源源不断涌入中央银行，导致中国的外汇储备泡沫越来越大。

经济学者薛兆丰拿出六条理由反对人民币升值：（1）外国政府在其本国生产商的施压下要求中国提高人民币汇率；（2）外国广大消费者占便宜；（3）过多外币（欠条）流入中国；（4）中国国内通货膨胀势头加剧；（5）如果国外，尤其是美国，由于其救市计划产生了本国货币的通货膨胀，那么中国人持有的欠条的实际购买力将下降，意味着中国人过去白干了；（6）中国货过分便宜，导致中国人将来还要白干。

2005年，蒙代尔先生更是迅猛，一口气提出12大人民币升值的危害：延缓人民币可兑换进程；造成外国直接投资下降；导致中国经济增长率急剧下降；使银行不良贷款问题恶化；不利改善就业形势；加剧中国农村通货紧缩；人民币突然升值会让外汇市场投机者获益；影响中国税收；不利于中国香港；不利于东南亚地区的稳定；影响中国履行加入世贸组织的承诺；影响中国在东亚的货币领导地位。

任何一种商品价格的波动都会带来不同的情绪反应，但总逃不了"价格涨，卖家欢喜买家愁；价格跌，买家欢喜卖家愁"的经济学套路。钱涨价了，自然也是带来冰火两重天。人民币升值到底有利有弊，可以各打三十大板，不管是反对派还是支持派，都能说得头头是道。

不过，喜欢听外国阴谋论故事的人，倒是经常拿出国外投机主义尤其是华尔街蓄谋搞垮中国的论调，认为人民币必须顶住重重压力，绝不能"向帝国主义屈服"，如果人民币升值岂不让西方国家的如意算盘成了真。

靠舆论定政策，听起来的确有些滑稽。让人民币撒着欢地升值倒是解决了西方国家的心病，但如果升值速度过快或过于激进，恐怕人民币升值真的就成了横扫落叶的秋风；如果坚持人民币不升值，做一回"民族英雄"，倒是风光了一把，不过升值滞后会留下无穷经济隐患。人民币到底该不该升值，说到底还是得看两个基本点：是否有利于中国经济发展，是否让中国老百姓受益。

驱赶着人民币升值的理由我们能列出一大把。

最火的理由是中国猛如虎的外汇储备。到 2012 年我国外汇储备已超过 3 万亿美元，是无可争议的世界头号外汇储备能手。外汇储备增加，意味着有近 20 万亿人民币以千变万化的形式在市场上存在，这也是推动人民币升值的重要砝码。外汇规模的扩大增加了人民币升值的压力，这成为国内通货膨胀压力的幕后推手，对人民币升值形成攻夹之势，成为撬动人民币升值的重要杠杆。

人民币升值，更重要的还在于其背后有一个强大的后盾——中国劳动生产率不断增长。中国劳动生产率也就是人均 GDP 一路飙升，释放了之前被扭曲的工资、原材料价格、租金……这会加强人们的人民币升值预期，形成升值压力，这些生产要素齐刷刷地价格上涨才是人民币升值的强硬推手。

人民币汇率问题牵一发而动全身，不但是经济角逐的焦点，也是政治斡旋的中心。从自身国家利益出发，人民币升值的呼声一浪高过一浪。在日本、欧美等国家看来，中国大量廉价商品的出口造成世界通货紧缩，人民币升值是中国不可推卸的责任。而在美国，其金融霸权是巩固军事霸权和经济霸权的有力后盾，美元贬值既能减轻外债，又能刺激出口，还能抑制中国商品大量进入美国。

不过，人民币是否升值，也不是由央行完全说了算，还得看美元的脸色。如果美元贬值的"火力"过猛，人民币再淡定也不得不被动升值。有数据为证，汇改后的 3 年间，人民币对美元的升值幅度分别为 1.6%、5.4% 和 10.8%，而同期美元指数的贬值幅度则为 3.37%、6.57% 和 10.2%，而人民币对一篮子中的其他货币如英镑、澳元等保持稳定。

与其过多地纠结人民币汇率应该上升的幅度和时间点，不如在汇率市场化、自由化上下工夫。

张五常为货币找的锚——一篮子货币

货币得有锚

货币一定得有锚，如果没了锚，货币就成了无根之本，很容易被"看得见的手"操纵。从整个货币历史上看，"看得见的手"很不安分，印钞机总是控制不住地多印、多印还是多印。

不管是金本位制、银本位制还是复本位制，总有一个根绳牵引着货币的走向，避免其通货膨胀得太不像话。一旦没了锚，货币就可能成了祸害。譬如民国时期，银圆券、金圆券就是无锚货币，老百姓吃苦头不说，政府当局也没好日子过。

随着中国经济的发展，人民币也挺起腰杆，国外昔日友好或不友好的朋友们，都呼吁人民币升值。人民币该不该升值？人们立场不同，情绪不一样，七嘴八舌地发表意见。人民币汇率到底走向何方，还是由锚来定。可是，选择什么样的锚才足以服众，又成了大难题。

选择金银并不可取，因为金银属于贵金属，数量有限，缺乏弹性，人民币值钱不值钱与这两类金属数量多寡挂钩，并不靠谱。

货币霸主美元看起来倒是响当当的合适人选，但越来越多的人反感向美元看齐。人民币与美元挂钩的 10 多年，恰好美元春风得意，在汇率上没有什么大动作，人民币倒也逍遥自在。但是，现在的美元越来越不稳定，金融危机后走衰的迹象更重，逼得人民币的名义汇率涨得昏天黑地。美国也不是什么善茬，动不动以美元作为砝码，四处借债，很多国家都当了它的债主，不过这个债主当得也有些窝囊，美国想赖就赖，想延期就延期，我们照样无可奈何。

可见，为货币选锚并不容易。

张五常为人民币找的锚

从 2003 年起，有着一头桀骜不驯银发的经济学家张五常就主张不能再靠挂钩美元吃饭了，应该以一篮子货币为锚。他主张：选一篮子货币为锚，可以是期货，可以是批发市场现货，组合后成为一个指数为锚，只要某数量的人民币可以直接购入某大小篮子的物品，人民币就稳如泰山。物品本身不是货币。那固定了的篮子物品的总价（指数），只是一个基标，任何人可以按这指数在市场买卖成交，央行不用出手。没有价格管制，因为篮子内不同物品的相对价格是自由浮动的。央行管的只是那可以在市场成交的基标指数，即物价水平，依照价格理论，相对物价不管就是没有价管。

> 张五常：国际知名经济学家，新制度经济学和现代产权经济学的创始人之一。他以《佃农理论》和《蜜蜂的神话》两篇文章享誉学界。

此后，张五常三番五次地鼓励人民币勇敢地与美元决裂，改用一篮子货币。到 2005 年，中国的确实施了汇率改革，改变单一钉住美元的汇率，而是以一篮子货币作为标准。张五常左看右看，觉得以一篮子外币为锚也不妥，他说："以一篮子外币为锚，人民币与所有外币的汇率皆浮动，但浮动的空间相当小。这是因为篮子里的一种外币兑人民币可以大跌，但如果其他外币跟着跌，首跌的外币会升上来。整个篮子的外币一起跌，效果是，兑人民币完全没有跌。"而且，虽然装了一篮子的货币，但也有主次轻重，美元还是大头，汇率制度改革来改革去，依然难逃美元手心。如果以一篮子物品为锚，对内币值稳定，对外自由兑换，就没有那么多人指手画脚地要求人民币升值，人民币到底该不该升，"由它去吧"。

人们比较好奇的是，张五常的篮子里到底装着什么宝贝，以此来作为衡量人民币币值的标准。他是这么解释的：

"要在什么市场选择篮子内的物品呢？两个地方。一是期货市场，二是批发市场。只要市场可靠，在什么国家或地区都可以。重要的是篮子内的每种物品都要一有竞争性，二有质量鉴定。这二者，期市的物品没有一样不及格，但批发市场的物品则要小心选择了。不要集中，选期市要分散，选批发也要分散，二者的比重最好大致相等。期市之价可以频频更改，也可以一天改一次；批发之价三几天改一次也无妨。重要的是人民币守的一篮子物品，不人为调整时不变，而人民币兑所有外币自由浮动，每天公布多少次由央行决定，原则上计算机可以秒秒钟算出来。

以一万元人民币可以购得篮子内指明的各种物品的固定量作为一个指数，称一百，换锚时以人民币的国际币值平过。固定守锚是指这指数不变，无论篮子内的物价怎样变，物品之量与比重不变。即是说，指数不变，不管物价怎样变，一万元人民币可以购买同一篮子的物品。

原则上，货币政策的重心是稳定币值，不应该伸展到经济的其他方面去。但通胀或通缩是货币本身的事，如果真的认为通胀年率百分之二对经济有好处，央行可以说明那篮子物品每年可调高两个百分点：最高的每年调幅是一万零二百元能购得同一篮子。"

据张五常称，政府倒是考虑了他的建议良久，不过并没有接受他的建议。

说来说去，这还只是处于经济理论的逻辑层面，一旦付诸现实，恐怕也会面对诸多挑战。毕竟，为人民币重新定锚，对于人民币汇率改革是脱胎换骨式的，很难达成共识，即使达成共识，也没有人保证这个脱胎换骨式的改革就能带来豁然开朗的局面。与其大刀阔斧地变革，不如循序渐进地改革。毕竟，货币绝不能用来开玩笑，稍有差池，就会造成祸端，谁也不愿承担充当历史罪人的风险。

第八章
"日不落"之歌

英镑的"日不落"霸权

实力，从来都是硬通货

一个国家的主权货币要突破国界，走出国门，成为国际储备货币，比中国男足冲向世界都难。

看似简单的符号意义，是成为衡量一国兴衰的度量衡。某国货币不受待见，恐怕是"人走茶凉"的征兆；某国货币人气暴涨，即便这个国家借了数不清的债务还蛮不讲理地欺行霸市，人们一样乐颠颠买它的账，那么这个国家不是潜力股就是实力股。货币背后，暗波涌动着一系列大国博弈智慧、金融资本化征程的隐秘力量。

> 国际储备货币：是指一国政府持有的可直接用于国际支付的国际通用的货币资金，是政府为维持本国货币汇率能随时动用的对外作为国际储备货币的黄金支付或干预外汇市场的一部分国际清偿能力。

有人或许会说，还有比黄金更牛的吗？没办法，黄金天生就是货币胚子，所以它才会广受欢迎，并长期占着国际货币的位子不放。不过，它并非主权货币，一个国家的主权货币若能稳稳坐上国际货币的位子，足见这个国家的实力不凡。

而且，主权货币成为国际货币可不止有面子、够拉风、显档次这么简单，它意味着这个国家能够以本国货币为杠杆，控制全球经济与贸易，在全球的政治与军事格局上也一言九鼎，总之能捞到很多看得见的、看不见的好处。

当然，把本国货币推上国际货币的位子，可不是磨磨嘴皮子、耍耍花枪糊弄糊弄就能炒出来的，需要实打实的硬件条件：经济实力在世界上数一数二。举个不吉利的例子，如果该国发生经济危机，在世界各地引起的蝴蝶效应会很强大。除此之外，政治上也得是个强硬派，在国际事务中不仅要有话语权，甚至某些公共事务必须看该国的脸色才能拍板；政府具备足够的公信力和执行力，偶尔出现的内讧以及反对派的各种"破坏伎俩"，都不足以让其元气大伤；金融体系运作良好，漏洞较少，一两个投机商的兴风作浪只是雕虫小技。即使发生金融恐慌或危机，也不会发生货币崩溃。

> 蝴蝶效应（The Butterfly Effect）：指在一个动力系统中，初始条件下微小的变化能带来整个系统的长期的巨大的连锁反应，这是一种混沌现象。最经典的例子是：蝴蝶在热带轻轻扇动一下翅膀，就可能在遥远的国家造成一场飓风。

货币历史上，第一个具有主权性质的国际储备货币，是英格兰银行发行的英镑。从崛起到成为国际货币，英镑发迹的重要砝码是英国在世界的"日不落"霸权。

英国这个面积仅有 24 万平方公里，在海洋中怡然飘荡的岛国，第一个迈进现代化社会，19 世纪末它的殖民地遍及亚非美和大洋洲，世界上 3 亿多的人口竟在这个看起来并不野蛮的岛国统治之列。

英国在世界的扩张，首先得益于它在枪杆子的比拼中占了上风。

1588 年，西班牙派出它浩浩荡荡的无敌舰队——130 艘战船、8 000 名水手和 2 万名士兵，向英吉利海峡开进，打算给英格兰点颜色看看。英格兰人太嚣张了，他们利用海峡的有利位置，扩大贸易，开拓殖民地，女王伊丽莎白一世还鼓励掠船、海盗，甚至连西班牙的贸易船也敢骚扰，明目张胆地从西班牙的虎口夺食。西班牙国王菲利普二世极为愤慨，于是派出所向披靡的无敌舰队，想彻底挫掉英国的锐气。这次菲利普二世过于自信了，经过几天激战，无敌舰队惨败而归，由商船和海盗组成的英国小型舰队凭借灵活机动的优势，取得了出人意料的胜利。

叼着烟斗、戴着礼帽的英国人看起来文质彬彬，剽悍起来的确不容小觑。就连他们的女王伊丽莎白一世也不是娇滴滴的女王，一位英国传记作家对其的描述是"凶狠的老母鸡"，"这只凶狠的老母鸡一动不动地坐着，孵育着英吉利民族。这民族初生的力量，在她的羽翼下快速地变成熟、变统一了。她一动不动地坐着，但每根羽毛都竖了起来。"

1588 年的"英西大海战"对于欧洲格局意义重大，英国士气大振，开始崭露霸主头角，而西班牙的霸权根基出现了松动。

当然，英国能自豪地将"日不落"的旗号插到世界各地，归根到底是其内部实力崛起的外延。

从政治体制上看，不管是早期强势的君主制还是后来的政治体制改革，都很合英国大国崛起的节拍。

> 君主制：是国家元首为世袭君主的政体。从发展史上，罗马帝国和阿拉伯帝国时期，其王国多为绝对君主制，和现代国家不同。随着征服和被征服，很多演变为现代国家，并由此形成当今各种政治体制的国家，如君主立宪制的英国及部分君主制（政教合一）的阿拉伯国家。

英国海外贸易与殖民扩张早期，英国统治者一方面强化王权，另一方面又对王权进行适当的限制，以维持王权和贵族议会之间的平衡①。伊丽莎白女王一世，既强势又保持了足够的开明，善于协调各方关系，通过议会实施受大多数人欢迎的政策。

伊丽莎白一世去世后，她的继任者并没有继续延续伊丽莎白一世开明的政治作风，如自以为圣徒的查理一世相信君权神授，查理一世的儿子詹姆士二世同样很差劲，他更加疯狂想要做一个专制君主，英国人先后通过 1642 年的"英国革命"以及 1688 年的"光荣革命"，逐渐结束王权专制，建立起君主立宪制。英国以其独特的方式不断实现民权与王权的平衡，营造了一个相对和平、宽松的政治环境，这为英国的称霸埋下了伏笔。

此时的英国，毫无争议地走在时代的前列，已经遥遥领先甚至成为异类了。要知道，那时的法国、俄国和日本都还被束缚在专制的壳里，而中国大清王朝的江山才坐了 40 多年，专制的日子还长着呢。

---

① 英国统治者对王权与贵族议会的制衡，得益于《大宪章》的签订。1215 年，英王约翰和 25 位贵族代表经过艰难斡旋和谈判，签署《大宪章》，《大宪章》规定国王要宣誓"向任何人施以公正，不能剥夺他人的权利"；同时，未经法庭判决，国王不能逮捕和剥夺他人财产。从此，英国国王的权力得到约束，而契约和法制等基本精神也逐渐成为英国的政治理念。

　　与欧洲大小宫廷隔海相望的英国，内部折腾出这么大的动静，对外扩张的步伐也没停下，继承了伊丽莎白一世时期勇猛剽悍的作风，先后打败西班牙、葡萄牙、荷兰，成为新一代海上霸主，以后海洋竞争和大国竞争的规则要看英国的眼色了。这一点，法国思想家伏尔泰看得很清楚："使英格兰变得强大的是下述事实，从伊丽莎白时代开始，各方面已经就重商的必要性达成一致。把国王送上断头台的同一个国会，同时在忙于分配海外贸易的职位，仿佛任何事情也没有发生。查理一世的鲜血还在流淌着，这个国会却通过了《航海法》。"

> 伏尔泰：原名弗朗索瓦-马利·阿鲁埃，伏尔泰是他的笔名。法国启蒙思想家、文学家、哲学家。伏尔泰是 18 世纪法国资产阶级启蒙运动的旗手，被誉为"法兰西思想之王"、"法兰西最优秀的诗人"、"欧洲的良心"。

　　随着海外殖民和市场版图的扩大，英国对各类商品的需求量飙升，简单的手工工厂渐渐力不从心，市场如同一个永不停歇的漩涡，源源不断地吸收着大量商品。对商品的井喷式市场需求，贫困落魄的瓦特在企业家马修·博尔顿的资助下，发明了"万能蒸汽机"，被长期孕育的工业革命喷薄而出。工业革命使英国这个地处地理边缘的小国获得了非凡的商业力量，并在世界经济、政治和军事博弈中拥有越来越多的话语权，这才是英镑敢在世界货币版图中"横着走"的资本。

> 詹姆斯·瓦特（James Watt，1736 年—1819 年）：英国著名的发明家，是工业革命时的重要人物。1776 年制造出第一台有实用价值的蒸汽机，以后又经过一系列重大改进，使之成为"万能的原

动机"，在工业上得到广泛应用。他开辟了人类利用能源的新时代，蒸汽机的发明标志着工业革命的开始。后人为了纪念这位伟大的发明家，把功率的单位定为"瓦特"。

走俏的英镑

英国的高明之处在于，将软硬兼施的手段用到了炉火纯青的地步。

软计策是被亚当·斯密发现的"看不见的手"——市场，允许个体之间充分进行自然交易，从而产生更为高效的资源分配模式。市场的雪球越滚越大，一个强大的经济秩序不仅在岛国形成，也突破国界，向英国的殖民地和其他国家渗透。商业渗透的力量虽然并不具备暴风骤雨式的冲击力，但细水长流的穿透性足以让其他国家筑起的铜墙铁壁缴械投降，他们只能眼睁睁地看着昔日瞧不起的"小店主"，把各行各业的"大摊小摊"摆到他们的家门口。

当然，适当的时候还得来点狠的——战争。挑起战争的理由千千万万，有时是因为对方的挑衅，有时则是英国眼红别人的好处。大多数时候，英国占了上风，这恰好为英国的自由贸易政策保驾护航。

英国软硬计策双管齐下，以其为核心的商业贸易也渐成雏形，英国经济学家杰文斯1865年如此自豪地宣称：北美和俄国的平原是我们的玉米地；加拿大和波罗的海是我们的林区；澳大利亚有我们的牧羊场；秘鲁送来白银，南非和澳大利亚的黄金流向伦敦；印度人和中国人为我们种植茶叶；我们的咖啡、甘蔗和香料种植园遍布东印度群岛；我们的棉花长期以来栽培在美国南部，现已扩展到地球每个温暖地区。

威廉姆·斯坦利·杰文斯（1835 年—1882 年）：生于利物浦，英国著名的经济学家和逻辑学家。他在著作《政治经济学理论》（1871 年）中提出了价值的边际效用理论。杰文斯同奥地利的卡尔·门格尔（1871 年）、瑞士的利昂·瓦尔拉斯（1874 年）共同开创了经济学思想的新时代。

与英国发生的国际贸易越多，人们就越容易与英镑接触，使用英镑的几率就越大，各国货币就更愿意与英镑挂钩。

与英国的腰杆子硬起来如影相随的是，英国越来越有钱。而且，英国不但有钱，还通过各种金融手段，如政府信用债券化、各种金融机构遍地开花、金融衍生品五花八门，将大量的"死钱"变成"活钱"，这是英镑走俏的金融基础。

1844 年，英国颁布了《英格兰银行条例》，英格兰银行成为唯一一家能够发行英镑的银行，英格兰银行在英国银行中变得"一行独大"。

1872 年，英格兰银行成为"最后贷款人"，承诺当其他银行由于经济危机等原因出现资金困难时，英格兰银行将义不容辞提供资金。此时，英格兰银行就成为银行的"保护神"，成为世界上第一个中央银行。

英格兰银行强势地位的确定，也增加了英镑称霸世界的砝码。最后贷款人的角色相当重要，意味着为英国的金融体系提供了一道安全阀，从而降低经济危机发生的概率。

而且，英镑本身也做好了一系列走向国际舞台的热身准备。

1816 年，英国通过了《金本位制度法案》，承认以黄金作为货币的本位来发行纸币；1821 年，英国正式启用金本位制，英镑成为英国的标准货币单位，每 1 英镑合 7. 32238 克纯金。

公共信用高、货币体系稳健、拥有稳定的金本位制，又有伦敦这个世界金融中心作保障，英格兰银行发行的英镑自然就有很强的号召力。英国建立的货币制度——金本位制也得到其他国家的热捧。葡萄牙、德国、丹麦、瑞典、挪威、法国、比利时、意大利、瑞士、荷兰、西班牙等国也先后追随英国的金本位制，国际金本位体系最终确定，英国也变身为世界金融体系之首，很是有"黄金第一，英镑第二"的霸主气势。以英镑为中心的国际货币金融体系，为英国带来了数不尽的好处，有利于英国开展海外贸易，占领海外经济领地，并能获得商业佣金、海外汇款等收益。

然而，随着第一次世界大战，"日不落"帝国昔日的光环开始褪去。第一次世界大战让英国损失惨重，军费开支达到 100 亿英镑，国民财富损失了三分之一，国内经济遭到巨大破坏，对外贸易发生逆转，海外投资锐减，并从债权国变为债务国（战前美国欠英国国债约 30 亿美元，战后英国欠美国 47 亿美元）。

财政赤字和债务只是表象，更重要的是内在制度出现了问题。英国工业革命期间积攒的家底——机器设备已经老化，导致生产力落后，这与在科技上突飞猛进的美国形成了明显反差。1929 年到 1933 年的经济大萧条以及第二次世界大战，对英国造成了更多的伤害，霸主的挫败感挥之不去，"日不落"的旗帜开始萎靡不振，英镑的魅力不复从前。

伦敦没落："因为华尔街有钱"

单纯的美洲大陆，未必是坏事

盛极必衰的故事，总是一再上演。

英国人畅想的英镑千秋万代的"日不落"，只是英国繁盛时期的一个梦。"英国梦"日渐黯淡，冉冉升起的是"美国梦"。

美元比起前辈英镑，以更快的速度崛起，这得益于它的国家——美利坚合众国以迅猛的速度强大起来，并登上富裕与繁荣的王座，其他国家只有望其项背的份儿。

与其他国家浓妆艳抹的厚重历史相比，美国的历史轻飘飘的，是原生态的素颜，底蕴很浅，被轻轻那么一搅，就清澈见底了，也就是有些单纯。

单纯不是个贬义词，单纯的美国，对自由、民主、市场经济、对外贸易等这些新鲜事物更容易接受，这些散发着现代气息的新鲜词汇，正是一个国家强大时必不可少的元素。相反，那些历史的长廊上挂满了辉煌画册的国家，蜕变时更容易拖泥带水，经常出现反复，时有流血牺牲甚至必须有外族入侵这样的奇耻大辱，才肯变革。

先后经过独立战争和内战的洗礼，美国在政治上已经表现得相当自如和娴熟。

在15世纪欧洲人发现北美洲这块广袤辽阔的陆地之前，这里是印第安人世代生活的宁静家园，他们过着农耕、狩猎和采集这样古老而集体的生活。直到哥伦布发现新大陆，陆陆续续有欧洲人迁移到此，包括西班牙人、英国人、荷兰人、法国人……而且，最初迁移到此处的多是讨生活的穷人。到18世纪，雄心勃勃的英国也在北美建立起13个殖民地。

与其他殖民地不同，这里的人有相当的自治管理权力。一是早期的移民很有预见性地种下了自治的种子，最有代表性的是《五月花号公约》的签订。一批英国清教徒乘坐"五月花号"的船只准备漂洋过海到美洲大陆建立一个自由的宗教圣地，在甲板上，41名清教徒签订了《五月花号公约》，约定到达北美大陆后，结为民众自治团体，制定公正的法律、法规、条例，全体成员需遵守和服从，这是美国政治性契约的雏形。二是因为英国政府比较开明，只要能牢牢控制住商业，其他事务不必太较真。很多时候，他们只是做做管理的样子，具体事务则由一个叫"殖民地议会"的机构决策，议会的议员由当地各行各业的人选举产生，这就给了移民们自治的权力。

不过，山高皇帝远的逍遥日子并没有一直延续下去。18世纪中叶，英国连年征战导致政府财政捉襟见肘，拼命在北美搜刮民膏，这引起当地人的激烈反抗，双方矛盾日渐激化，最终导致1775年美国独立战争爆发，8年后美国最终赢得独立。

12年后，来自松散的13个州的代表，在费城召开了著名的制宪会议。在这个长达116天的制宪会议上，代表们唇枪舌剑，热烈讨论如何建立一个既能保障联邦政府权威，又能保障个人自由的国家。

1787 年 9 月 17 日，美国第一部成文宪法出炉，确定国家主权属于联邦政府，同时各州保留联邦政府不得干涉的自治权力。

第一部成文宪法的出台对美国经济同样意义重大。统一的政府提供了一个公共的经济发展领地，市场、货币与税收实现了统一，州与州之间的贸易壁垒被打破，个人、政府以及联邦政府在经济中的角色也有了更为明确的分工，有效避免了政府的脚过多地踩住市场的手。

1862 年，走过 84 个年头的美利坚合众国再次面临分裂，主张废除奴隶制的北方各州与要求保留奴隶制的南方各州，打了历时 4 年的南北战争，最终北方获胜，既让黑奴"翻身把歌唱"，也使得美国更加统一和强大，为以后的大工业化奠定了良好的政治基础。

作为一个崭新的国度，美国抛弃了很多文化垃圾，也没有过多的经济壁垒，政治氛围相对宽松，这一切促使美国更容易建立起一个自由的市场经济体。

而且，成立后的美国正赶上一个好时机——工业革命爆发。在金融和财政制度上，美国成功借鉴了欧洲成功的经验，建立起银行、证券市场、交易所和股份公司。大量的欧洲移民被这块富饶的土地吸引，带着欧洲工业化的成果来到美国，为美国经济腾飞提供了充足的劳动力和技术。

第二次工业革命爆发时，美国不再扮演后来者居上的角色，而是凭借强大的科技实力领跑电力革命，实现了跳跃式发展，逐渐步入大国和强国的行列。到 1894 年，美国工业产值已居世界首位，成为世界第一经济强国。

第二次世界大战的杠杆效应

年轻的美国，选择了自己的前进方向，创造了独特的发展模式，而这还不是美国最得意的时候。

经过第一次世界大战和第二次世界大战，美国的财富得到核聚变式的大爆发。

第一次世界大战是"欧洲世纪"与"美国世纪"的分水岭。战争初期，美国担心引火烧身，狡猾而谨慎地保持中立，保持中立一是让美国免于战争伤害，另外也让美国坐山观虎斗，随时捞取好处。战争耗尽了双方的财力，为继续作战，他们四处借钱，"慷慨"的美国为他们源源不断送去了债券。美国政府自身财政收入有限，发行了大量债券，人人看好美国的债券，债券价格一路上涨，债券数量也是水涨船高，大战4年间从10亿美元增加到250亿美元。

美国不但是作战国的财神爷，还是他们强大的后备军工厂。炮火硝烟不断，作战国的大量工厂被摧毁，经济瘫痪，又忙于作战，政府根本无暇顾及恢复生产。自己无法生产，只能寻求外援。当时的美国，生产力已经相当了得，不管协约国的订货单有多大，美国都有足够的胃口吞下，这大大刺激了美国的工业生产。到1929年，美国的工业产量已达到世界工业产量的42.2%，欧洲国家因此背上了高达100亿美元的债务。

美国从第二次世界大战中获利的方式几乎与第一次世界大战如出一辙。作战国继续血拼，继续出现财政危机，继续向美国借款，继续向美国发去雪片般的订单。美国强大的生产力再次被激发，并成立专门的生产委员会。到 1945 年，战时生产委员会已发展为美国战时最大的军事办公机构，光雇员就有 2.5 万。1941 年 7 月到 1945 年 7 月，美国拿出 1860 亿美元用于军火生产，其中生产坦克 86 338 辆、飞机 297 000 架、登陆艇 64 500 艘。

第二次世界大战进一步改变了世界的经济与政治格局，战败国狼狈得一塌糊涂，战胜国似乎也没占到多少便宜，最多捞了个战胜的好名声。而美国，既得到了胜利的名声，又获得了大量的财富，经济变得更加富足，成为世界上最强大的国家。

美国的主权货币美元，气场也与之前截然不同，无人再敢轻视。

怀特打败了经济学泰斗凯恩斯

两个经济学家的较量

某个经济学家或经济学理论能不能火，生得逢时不逢时，很大程度上取决于是否让实力强大的人看起来顺眼。

1929 年经济大萧条时，凯恩斯提出财政也可以是一种政策工具，强调短期的经济管理，这符合当时被无度市场搅得七零八落的经济形势，他的著作《就业、利息和货币通论》也被奉为经济学的圣经，人们甚至不加批评和怀疑地运用和吹捧他的理论，尽管凯恩斯自己也坦承自己的理论还需要更多完善的地方。凯恩斯自己都感叹："我发现自己是在场的人当中唯一的非凯恩斯主义者。"

不过，人们对凯恩斯的崇拜再如滔滔江水，在利益和实力面前，也懂得如何左右逢源。有的时候，人们未必愿意把凯恩斯的话当圣经看。

在与经济学家怀特的对垒中，不管是名气还是权威性，怀特都远逊于凯恩斯，但怀特还是打败了经济学泰斗凯恩斯，原因简单明了——怀特代表的是美国的利益。

第二次世界大战打得热火朝天时，凯恩斯苦思冥想，提出"国际清算同盟"计划，该计划中极为重要的一条就是有关国际结算货币的，即"Bancor 思想"。凯恩斯提出 Bancor 思想，也并非纯粹从经济学的立场出发，毕竟一个经济学家也有他的祖国，凯恩斯计划很大程度上代表了英国的立场。在世界货币体系中，凯恩斯尤其讨厌黄金本位和美元，他把黄金看作野蛮痕迹，是制造通货膨胀的头号杀手，所以黄金必须在世界货币体系中出位。当然，他也不可能对美元眉开眼笑，毕竟美元这个昔日小辈已经气势汹汹地到昔日霸主英镑门前踢场子了。

不过，凯恩斯也不糊涂，再力挺英镑可能也是竹篮打水，因为英镑实力不如美元已是无法扭转的事实，而且第二次世界大战让英国痛失大量黄金储备，英镑已很难再挑起世界货币的担子了。既然英镑不能当霸主，索性大家都不当，于是他提出建立由英国和美国共同主导，成立清算联盟，国际收支不平衡问题由债权国和债务国共同担负。这个清算联盟就扮演了"世界中央银行"的角色，中央银行可发行一种名为 Bancor 的国际通用货币，Bancor 将以固定比例直接与黄金挂钩。世界中央银行会免费给各成员国发行价值 300 亿美元的 Bancor，以方便他们进行国际贸易结算。

凯恩斯的这个计划一经公布，美国人就急了。尽管有些人认为凯恩斯提出这个计划是出于完美的经济学考虑，但美国人可不这样认为，他认为这是英镑的先发制人。美国经济学家怀特立刻提出著名的"怀特计划"，怀特计划看起来同样"济世救民"，以改善国际经济秩序的目的，重建国际货币体系。只是怀特计划比凯恩斯计划更直白地带有美国色彩。怀特认为的确可以建立国际货币机构，也应存在一种国际通用的货币单位，但不必重新发行新货币，美元就是现成的最佳"币"选，其他货币应直接与美元挂钩，而且国际货币机构的作用不在于提供流动货币，稳定国际汇率才是正事。

怀特的"美元中心论"被美国财政部重磅推出，美国总统罗斯福也很下力气捧场。在很多场合，罗斯福都念念不忘为美国和美元拉票："这个伟大的国家将要担当一个更加重要的角色，它如此夺目，它会继续复兴、继续繁荣。"

凯恩斯还是败下阵来

到 1944 年，两个经济学家争锋相对的讨论终于被政治家们盖棺定论。在美国布雷顿森林的一家旅馆，英国与美国组织 44 个同盟国共 730 人召开了"联合和联盟国家国际货币金融会议"，签订了"布雷顿森林协议"，包括《国际货币基金协定》和《国际复兴开发银行协定》，都以"怀特计划"为基础。在与凯恩斯的争锋中，最终还是怀特占了上风。

布雷顿森林体系主要包括以下内容：确认实施本位机制，规定美元兑黄金官价为一盎司黄金等于 35 美元，参加国政府可将持有的美元按照官价向美国兑换黄金。美元是主要的国际储备货币，美国需保证用作国际储备与支付的美元，以及各国向美国兑换的黄金；参加国货币可按照比价直接钉住美元，兑换率以美元含金量为准，也可直接规定比价，汇率一旦确定，不得随意更改，汇率波动范围为上下 1%。国际货币基金组织统一安排和监督参加国汇率变动，国际收支失衡时，参加国可要求自行调整波幅在 10% 以内的汇率，超过 10% 则需国际货币基金组织批准；参加国发生暂时性支付危机时，可向国际货币基金组织借款，但每年借款数量不超过其在国际货币基金组织所占份额的 25%，累计份额也不能超过 125%。

措辞严谨、逻辑严密的经济学泰斗凯恩斯，在布雷顿森林会议上没有太多的收获，再完美的经济学理论都抵不过如日中天的美国实力与美元霸权。尽管凯恩斯的很多政策主张都成为罗斯福新政的"座上客"，那又如何？就利益而言，凯恩斯的货币计划才是美国的敌人。一个情感丰富而细腻的西方学者，把英美之间的货币战争描写得很感性："这是一个超级大国产生时发出的阵痛声和另一个走向没落时的痛苦呻吟声相互交错的场面，一个由他们是血亲的事实而衬托得更为令人心酸的故事。"

1945 年 12 月，《布雷顿森林协定》生效，混乱的国际金融旧秩序就此告一段落，以美元为中心的国际货币体系正式建立，美国人如愿以偿。

不过，现在看来，被那个情感丰富的西方学者描写的心酸的故事，只是美元实现称霸的缓兵之计。尽管《布雷顿森林协定》是按照美国人的规则制订的，把英镑赶下神坛，美元顺水推舟戴上王冠。货币特权带来的好处很是诱人：一是美国政府不必担心财政赤字，一旦政府缺钱了，打开印钞机就能搞定；二是美国可以放心借债了，反正多印一些美钞就能稀释债务；外贸逆差也不在话下，美国正好借用廉价货币换取别国的劳动产品；固定汇率制也让美国觉得很给力，美元是整个汇率体系的基准，美国可以根据本国经济状况随意调整自己的货币政策，而其他国家就得迁就美元，以保证固定汇率，如果仅从本国经济出发调整货币政策导致汇率波动过大，就被美国抓住话柄了。

"美元化"这一秘密货币武器的扩散

做美元鞍前马后的小弟，容易吗？

第二次世界大战之后，美元成了老大。有了老大，就产生了站队的问题。明目张胆地与老大抗衡，往往会输得很惨，日元、英镑包括欧元都吃过这样的亏，亚洲四小龙仅仅因为太高调了，就被整惨了。还有的货币，与美元保持不温不火的距离，承认美元的"大哥大"地位，但也不会唯美元马首是瞻，譬如人民币。还有一类，则甘愿成为美元鞍前马后的小弟，也就是我们平常所说的美元化。美元化，包括部分美元化和完全美元化。部分美元化指的是在一国的货币活动中，私人经济体直接用美元进行支付和储存，并放弃使用本国货币；完全美元化则指国家通过法律规定美元的无限法偿性，以锚货币充当本币的发行准备，甚至完全放弃本币发行，直接采用美元作为法定货币。

本币：指某个国家法定的货币，除了法定货币之外其他的货币都不能在这个国家流通。如中华人民共和国唯一法定货币为人民币，所以我们把人民币称为本币。除了本币之外其他的都统称外币。

　　放弃自己的货币独立政策，跟着美元混，是不是就能过上逍遥日子，天天吃香的喝辣的？

　　美国人认为：美元在世界货币体系中一言九鼎，经济实力较弱的国家尤其是小国，选择美元就等于背靠货币大树，有利于抑制通货膨胀；一旦政府出现财政赤字，政府不可能盲目开印本国货币的印钞机，增加了金融体系运行的稳定性；在汇率政策上，美元化的国家也更有公信力，这一切都因为他们使用的是美元。美元不仅稳定，还可以给予人们经济安全感。

　　第71任美国财政部长劳伦斯·萨默斯是个坚定的美元化推动者，他认为："从长期来看，找到贿赂人们实行美元化或者至少是返还因美元化而多赚的钱的办法，应该是优先的对外政策。我认为，美元化对整个世界的好处是显而易见的。"

　　美国对外关系协会国际经济部主任本·斯尔泰曾专门在《金融国策》一书中一一反驳人们对美元化的不满，认为美元化的确会给美元化国家带来不菲收益。

　　货币政策权是人们反对美元化最常提出的理由。本·斯尔泰反问："鉴于货币政策的主要目的是保持与物价稳定相匹配的最低利率水平……有多少拉美国家的中央银行可以将利率降到比纽约的利率还低的水平？"言外之意，发展中国家的中央银行能力差劲得很，与其给他们主动权胡乱调整策略，还不如让明智的美国帮助其调整利率。本·斯尔泰还提出一个很鲜明的比喻："这就像选择了一个手动档的现代车而放弃了自动档的雷克萨斯车一样，前者给予司机更多的控制权，但代价是在任何情况下性能都变得更差。"

　　本·斯尔泰对于"失去最后贷款人"这一指责也很不以为然，"反对美元化的人认为，美元化是用银行危机代替了货币危机。确实，取消了本国货币，排除了中央银行通过印刷钞票挽救本国银行的可能。但是，在'有通过印刷钞票挽救本国银行的可能性'的基础上设计一种货币制度，就像建一幢拥有活动横梁的房子一样，在逻辑上，这些活动的横梁只是为了当一个肥胖的客人来访时，可以被方便地拆下来以撑住沙发。"而且，他以为最后贷款人的身份可能就是捣乱的，导致金融市场大起大落和危机发生，因为他认为中央银行实施救援的资金很有可能来自国债，其无度印刷的货币也会导致资金外流，最终美元储备会被悲哀地耗尽。总之，他认为中央银行还是草包一个，一旦危机发生，别指望其会创造什么力挽狂澜的奇迹，拥有美元才是硬道理。

对一个比较有利的反驳理由"失去铸币税"，本·斯尔泰算的是一笔对比账，与从美元化得到的好处相比，失去小小的铸币税又算得了什么？他提出："用国内通货膨胀率（利率）计算失去铸币税的损失，就是假设政府通过通货膨胀获利对国家是有好处的。但是，通货膨胀税是由公民支付的，所以就国家整体而言，并没有免费的午餐存在。从铸币税中所获利益的大部分都是以摧毁性的高通货膨胀为代价的，这种货币是不稳定的。"

> 铸币税：原指铸币成本与其在流通中的币值之差，现通常指中央银行通过发行货币而得到的收入。

作为流通最广、币值最坚挺的货币，美元被选择更多的是一种政治选择而非经济选择，他们"拥有货币是为了在经济上获益"，美元化没有其鼓吹者渲染得那么美好。的确，各国中央银行的货币政策权"远近高低各不同"，但一旦危机发生，美国未必就能对症下药；美元化意味着美元化国家把最后贷款人的角色推给了货币发行者——美联储，可是当一国发生经济危机需要美联储的救援时，就要看美联储的心情了，或许当时美国的日子也不好过，美联储还能借"职务之便"将美国的通货膨胀输入该国；而铸币税也不是本·斯尔泰轻描淡写带过的毛毛雨，阿根廷在20世纪90年代经济危机前的货币税竟占GDP的0.5%。

美元化看似是美元化国家的避风港，实则留下了千百个漏洞，为国际投机者提供了乘虚而入的机会。美国史密茜在《金钱奇才》中指出："当全世界的眼睛都盯着所谓'反恐战争'及各种具体形式的恐怖主义行为时，却很少有人注意到'美元化'这一秘密货币武器的扩散，这种扩散造成的后果远比任何贸易协议都严重得多……国内一旦发生动荡，投机者就会借助华尔街的强大实力发动货币冲击，紧接着货币就会急剧大幅度贬值，国际货币基金组织的货币紧缩措施也将随之而来。此外，华尔街对这些国家所依赖的储备货币的信用创造拥有最终控制权，这使得一旦发起货币冲击，华尔街总能取得最终胜利。"

阿根廷不相信眼泪，却相信美元

纸上唇枪舌剑的孰是孰非，请事实来一锤子定音最好不过。

拉美国家是实施美元化最多的国家，其中阿根廷尤甚。阿根廷倔强地相信美元化，结果尴尬地遭遇了一场泡沫破裂的噩梦之旅。

20世纪90年代，在美国的经济援助下，阿根廷的经济开始起飞。阿根廷与美国的关系急剧升温，甚至连夜总会舞池的地板上都绘有星条旗的图案。关系好了，信任指数也会扶摇直上，阿根廷在货币政策上也渐渐与美国站到同一个战壕中。

从 1991 年 4 月，阿根廷开始实施"兑换计划"，严格限制中央银行的外汇储备规模，确保阿根廷货币比索和美元实现 1∶1 等价自由兑换。美元在阿根廷也享有不少特权，譬如设立账户、存款以及签订合同等。

这个兑换计划的确抑制了阿根廷政府滥发货币的可能性，有利于降低该国的通货膨胀率。到 1994 年，阿根廷的通货膨胀率已经从 1989 年的 5 000% 降到 4%，如此立竿见影的变化让阿根廷对美元化顶礼膜拜。但是兑换计划也隐藏着重重祸端。

兑换计划管住了中央银行过度发行货币的手脚，也等于为其戴上了笼头，中央银行的货币政策必须向"比索和美元实现 1∶1 等价自由兑换"看齐，这样中央银行就无法兼顾货币供给和汇率稳定，某些刺激经济的货币政策也不得不让位于稳定汇率的目标。为了刺激经济，政府不得不想其他路子，譬如增加政府开支，并积累了大量公共债务。长期这样下去，阿根廷政府就站在钉住汇率制度和债务危机的跷跷板上，很难拿出巧妙的计策以达到平衡状态。

20 世纪 90 年代末，随着美元汇率的持续坚挺，阿根廷之前被美元化隐藏的弊端大量显露，比索被高估，企业竞争力下降，外债急剧增多，利率升高。从 1998 年开始，阿根廷经济连续 3 年陷入衰退，而金融市场也风雨飘摇，出现动荡。2001 年 11 月，金融危机终于爆发，阿根廷政治、经济陷入混乱。

万般无奈，阿根廷向美国求助，美国除了"真诚"地表示同情和政治支持，却无实际的经济支持，拒绝对阿根廷实施紧急金融援助。后来，在美国的主张下，国际货币基金组织同意提供贷款但也提出了苛刻的条件：阿根廷经济增长达到 2.5%，财政赤字不超过 60 亿美元，但这对于阿根廷政府是不可能完成的任务。阿根廷认定国际货币基金组织的苛刻条件一定是美国的密谋，阿根廷的不满情绪不断高涨。

整个拉丁美洲都认为他们被华盛顿抛弃了，《纽约时报》发表了一份来自巴西的报道："美国……正在为该地区人们所认为的冷漠付出代价。人们认为，在他们的领导人听从了美国的建议、开放了市场以迎接全球化的短短几年后，美国对横扫该地区的经济危机表现出的却是冷漠……当地的一位民调者兼政治分析师菲利普·诺盖拉说：'当你承诺全球化和自由的市场时，人民激动地想也许繁荣的美国梦很快就快到家来了。'但是，如今这一地区的公众——用他的原话说——'就像一只咆哮的狗。'"

2002年1月6日，阿根廷政府放弃了坚持了11年的兑换计划，宣布比索贬值，到5月份比索对美元的汇率跌到3∶1。2002年2月3日，阿根廷经济部长表示阿根廷将全面实施经济比索化，美元化在阿根廷彻底走到尽头。

美元化让阿根廷吃尽了苦头。由于阿根廷政府自身缺乏货币政策自主权，在经济出现大起大落时，政府表现得比较被动，这也使其在20世纪90年代多次遭遇金融危机的冲击。同时，阿根廷政府还损失了大量的铸币税、通货膨胀税，融资能力也大大下降，美元化削弱了当地证券市场中本币资金投放，抑制了股市的活性，削弱了政府通过印花税融资的能力。

越来越多的国家认识到，美元化不是通往铺满鲜花的天堂，而是通往地狱的陷阱。轰轰烈烈的美元化潮流之后，是"去美元化"的尝试。

第九章

未来多远

欧元：这道真实的光能照多远？

外来强龙欺压下的群体抗争

当某个地区群龙无首，且被外来的强龙欺压得灰头土脸时，就容易不计前嫌，鼓足勇气团结起来，与外来的强龙分庭抗礼。

欧元诞生后，人们给了它很多光环，赋予其很多美好甚至高尚的含义，把它比喻为一道真实的货币之光。剥茧抽丝，这是其成员国为利益驱使的结果。

自从英镑的国际货币地位被美元夺走后，欧洲各国货币的荣光的确弱了很多，虽然不乏马克这样看起来还算光鲜的货币，与美元相比，他们更像鞍前马后的马仔或小弟，并没有多少话语权。

美元无法无天的霸权主义的确让欧洲各国很受伤。如 1961 年越战期间，为支付 2 500 亿美元的高额军费，美国撒着欢儿印钞，导致货币滥发，美元大幅贬值，积累了大量美钞的欧洲苦不堪言。

所幸，他们并没有就此自暴自弃下去，选择了一体化，这倒是被奥特加·加西特的乐观预言说中了："想摆脱关于世界将会群龙无首，将会重归混沌的悲观论的每一个人，都会回到我们的出发点，扪心自问：

人们说欧洲腐朽了，真的吗？正在失去控制？正在放弃？这种表面上的腐朽是否会成为值得庆幸的危机呢？欧洲由此会成为名副其实的欧洲吗？欧洲列国的历历在目的腐朽难道不正是终有一天出现合众的欧洲，以统一取代的欧洲的必要的前奏吗？"

要知道，欧元既不是出身好、诱惑力十足的硬通货黄金，也不像美元拥有强大的经济后盾，是超越国家主权的新型货币，欧元的出现必须以欧洲各国经济或金融一体化为基础。只有在经济或金融上拧成一股绳，欧元之父蒙代尔不辞劳苦的呼吁才会被人正儿八经地当作一项货币谋略。

20世纪60年代初，"美元双挂钩体制"日渐势微，欧元之父蒙代尔创造性地提出最优货币区理论，即：如果一个受到对称性冲击影响的地区之间的劳动力和其他生产要素是自由流动的，那么当出现国际收支不平衡时，劳动力和资本的高度流动性可以消除不平衡，而不必借助于汇率浮动来保持宏观经济的稳定，达到这一标准的地区就是最优货币区。

欧洲的联合源于法国与德国多年恩怨纠葛的和解。1950年4月，法国公民莫内起草了一个名为"舒曼计划"的欧洲煤钢联营计划，声称"法国政府建议将法德两国的煤和钢的全部生产置于同一国际组织的领导之下，并使该组织向欧洲其他国家持开放态度，允许欧洲其他国家参加"。这一计划得到法国外长罗伯特·舒曼和前联邦德国总理阿登纳的共同响应。根据舒曼计划，1951年4月18日，法国、前联邦德国、意大利、比利时、荷兰、卢森堡6国在巴黎签订了《欧洲煤钢共同体条约》，条约规定，欧洲煤钢共同体的基本任务是建立煤钢单一共同市场，取消关税限制，对生产、流通和分配过程实施干预，这是欧洲走向一体化的第一步。

随后欧洲各国不断召开会议，主张将煤钢共同体的原则向其他领域推广，并成立欧洲经济共同体，组成关税同盟，建立欧洲社会基金、欧洲投资银行、海外基金等新型机构。

随着经济与金融一体化的推进，欧元也渐渐有了苗头。

1957年3月25日，在罗马市政厅，欧洲煤钢共同体6国成员的政府代表签署了《罗马条约》，提出建立经济和货币联盟，成立欧洲经济共同体；1969年3月，欧共体海牙会议召开，卢森堡首相皮埃尔·维尔纳提出欧洲货币融合的倡议。在同一年的12月5日，欧共体各国首脑在布鲁塞尔达成协议，确定在1979年1月1日成立欧洲货币体系。不过，后因原联邦德国与法国在农产品贸易补偿制度上发生冲突，欧洲货币体系在1979年3月13日才正式成立。

1979年，欧洲货币体系最终建立，规定各国货币的汇率与对方固定，一致对美元浮动。不过，1979年建立的欧洲货币体系，依然存在老大——德国马克，德国中央银行则成为欧洲的中央银行。在这里，还有一条被人戏称为"三十分钟的货币主权"的规定，只要德国中央银行有了新政策，半小时后，欧共体其他成员国就要跟随，采取相对应的货币政策，马克成为"欧洲美元"。这种德国马克一币独大的单一货币体系，并不稳定，也隐藏着很大风险。

1989年底，时任欧共体主席德洛尔提出建立欧洲经济和货币联盟的计划，在计划中，欧洲货币将会取代各种国家货币。1991年12月，欧共体12个成员国的首脑在荷兰小城马斯特里赫特签订了《马斯特里赫特条约》，欧洲货币联盟成立。在《马斯特里赫特条约》中规定，欧洲货币——欧元最晚在1999年1月1日面世。

1996年12月，欧盟首脑在爱尔兰首都都柏林举行会议，确定1999年1月1日为欧洲货币联盟起始的日期，欧洲统一货币欧元也会在同一天使用，其中欧元创始国为比利时、德国、西班牙、法国、爱尔兰、意大利、卢森堡、荷兰、奥地利、葡萄牙和芬兰 11 个国家。

到 2012 年，欧盟 27 个成员国中已有 17 个国家加入了欧元区，包括奥地利、比利时、芬兰、法国、德国、希腊、爱尔兰、意大利、卢森堡、荷兰、葡萄牙、斯洛文尼亚、西班牙、马耳他、塞浦路斯、斯洛伐克和爱沙尼亚。

强币与弱币，态度坚定或者犹疑不绝，都已经成为过去，曾经各自为政甚至相互厮杀的欧洲各国货币拧成了一股绳——欧元，它年轻而充满多变，具有改变国际货币体系权力结构的巨大潜力，成为一种全新的国际记账单位和储备货币。世界的货币格局，也因欧元的出现发生着或大或小的变化。

原罪不止

经过多年的磨合，多个国家终于在货币制度上达成一致，欧元成为世界第二大货币，也是美元最强的竞争对手。

不过，欧洲人庆祝的烟花余烬未散，就有风凉话飘来了，尤其是美国，当然不愿意眼睁睁看着新劲敌的诞生，绞杀还在后面，先过过嘴瘾再说。美联储前主席格林斯潘表示，欧元存在的时间不会太久；美国国家经济研究局的马丁·菲尔德斯坦干脆威胁起欧盟来，认为欧元必将把欧洲拖入战争的泥沼。

总之，美国人警告欧洲人，不要妄自菲薄地搞什么超主权货币，迟早会招致祸端。在讽刺、质疑和威胁声中，欧元迅速成长起来，表现出强劲的增长势头。到 2004 年，美元就从 1999 年的 1 欧元合 1.18 美元上升到 1 欧元合 1.36 美元。

可是，出风头归出风头，亲兄弟也难免磕磕碰碰，更何况主权各自独立的欧洲国家。顶着团结光环的欧元，存在不少缺陷，一路走来也是跌跌撞撞。尤其是欧洲债务危机，更让人看到，想要打造统一的货币，没那么简单。

虽然货币统一了，但各国的财政政策是独立的。各国从本国利益出发，各国的政治领袖们必须考虑选民的意愿，难免会打出立场、方向不同甚至截然相反的政策牌。金融危机的火势蔓延到欧洲时，欧元区国家的第一反应不是联合起来，而是单打独斗，并没有联合作战。直到 2008 年 10 月，欧元区才结束了各自为政的局面。而且，即使他们达成合作意向，也很难在短时间内达成一个统一的救市计划，各国领导人七嘴八舌地发表意见，救市计划一再拖延，也影响了救市。

而且，欧元的资本市场也明显发育不良。有货币的地方就会有债券，欧元偏偏成了打破这个规矩的异类。欧盟不发行国债，也没有国库券。虽然各国有自己的国库券，但比美国差远了。美国发行国债从来都是"债如潮水"，从各国借来了大量真金白银，肥了自己，在危机的时候还能拿来救急。只有欧元一个光杆司令的欧元资本市场，在融资上比美元市场差了一大截。融资不足，应对金融危机的底气就会欠些火候。

欧元区说到底，还是一个相对松散的组织，欧洲中央银行也不属于哪个国家，这会削弱其归属感。一旦危机来临，欧洲中央银行的反应就没那么直接干脆，反正无关民族兴亡、国家大义，实施起货币政策来也不温不火。美联储已经火急火燎地通过降息刺激经济，欧洲中央银行却表现得很淡定，甚至在 2008 年 7 月上调利率。直到 2008 年 10 月 9 日，欧洲央行才宣布降息 50 个基点，而此时的美联储已经向零利率迈进了。

欧元还有一个大缺憾——英镑缺席。多数人都会向英镑提出"廉颇老矣，尚能饭否"的质疑，可是，瘦死的骆驼比马大，历史、文化、传统、金融……随便从哪个角度出发，英国都还有几把刷子。如果英国加入欧元区，欧元会更加坚挺，欧元的力量会更加强大，牵制美元这个外来"强龙"的力量也会更强大。

财政政策各自独立，没有统一的债券，经济利益和目标相互打架，这成为欧元自出生起就拥有的缺陷。看着恰是赤子青春，却表现出一些"伤花怒放"的凄凉，未免让人遗憾。欧元走向何方，最终的命运掌握在欧元区国家自己手里。

大红大紫的人民币必须冲出国门

人民币到了"统治世界"的地步了吗？

国家财富上升的速度越快，人们就越习惯以线性思维模式思考与大国崛起相关的任何话题。比如对人民币的推论——中国财大气粗，人民币必将大红大紫，有些人甚至已经把人民币推向"统治世界"的位子了。

美国彼得森国际经济研究所高级研究员萨勃拉曼尼亚，于2011年9月28日在英国《金融时报》发表了一篇名为《当人民币统治世界时》的文章，极尽对人民币的看好之辞：

美国和欧洲的经济动荡正在帮助加速一个长期而深远的转变。在占据全球经济主导地位长达三个世纪之后，西方即将在中国这个崛起的亚洲大国面前黯然失色。不但中国的经济规模按购买力衡量很快会超越美国，而且人民币也会在今后十年或十年多一点的时间内取代美元，成为世界主要储备货币。

……

人民币国际化已经以一种具有中国特色的方式进入了不可逆转的过程。这是一个受到微观管理、推崇政府干预、以试点国家和地区为基础的过程。每一天似乎都有某个国家或某家外国企业获准，在有选择性的更大范围内使用人民币。

当这名来自美国的经济学家把"统治世界"这顶大帽子扣在人民币头上时，的确像某些偶像剧里的狗血剧情，让人觉得离谱。不过，将人民币国际化提到"不可逆转"的高度也很现实，不管是从中国的利益诉求还是人民币本身的实力出发，人民币必须走国际化的道路。

人民币国际化，就是本币国际化，即人民币可以被广泛地用于国家贸易计价和计算、借贷和投资，并到最后发展为储备货币。

本币国际化带来的好处是大大的：可以光明正大地征收铸币税；改善贸易条件，降低汇兑风险，提高本国企业的竞争力；可以自由地印制钞票，一旦在外"浪迹天涯"，流出的每一元钱都能换来别国的血汗钱。而且，大量增发的货币在外逍遥，根本不占国内通货膨胀的名额。当然，这种损人利己的货币行为，会遭到其他国家的集体痛斥，美元就是一个活生生的例子。这一点上，中国倒是比较实在，主张"和平崛起"的中国一样主张人民币的国际化绝不会有霸权主义的念想。

人民币国际化，某种程度上是美元的"霸权主义"逼出来的。

美元"一币独大"，国际金融体系又高度依赖美元，但由于脱离了金本位，美元的汇率一直不稳定，频繁变脸，这让很多国家在严重不确定的汇率风险中吃尽了苦头。

我国对美国的进出口贸易约占我们对全球贸易的三分之一，但中国对外贸易中有80%到90%以美元计价，这就带来了汇率风险。为了避免风险，很多企业不得不通过一些金融避险工具进行避险，这就增加了

2% ~3% 的成本。如果人民币实现国际化，我们的企业就不用整日提心吊胆地操心美元汇率、欧元汇率的变化，从而砍掉这份额外的汇率成本。

当然，人人都梦想让自己国家的主权货币国际化，但这可不是一厢情愿地起起哄，发挥发挥民族主义热情就能搞定的。

人民币的国际化得有国际范儿，国际范儿是靠 GDP 和币值稳定这些真金白银砸出来的。所谓"强国手下无弱币"，该国的 GDP 必须在全球范围内占到一定分量。中国 GDP 排名世界第二，经济强国势头一览无余，而且中国的出口和海外资产规模比第一经济大国美国都要大；人民币自身也树立了不少威望，多年来一直处于币值稳定状态，又有人民币升值这个利好预期，很多国家认为人民币很给力。

也是一道有悲有喜的旋转门

趁着天时、地利、人和的热乎劲儿，人民币的国际化已稳稳当当走出好几步了。

2003 年，党的十六届三中全会通过的《中共中央关于完善社会主义市场经济体制若干问题的决定》中，就提出"在有效防范风险的前提下，有选择、分步骤放宽对跨境资本交易活动的限制，逐步实现资本项目可兑换"。

2008 年金融危机后，人民币的国际化开始提速。

从 2008 年底到 2012 年 3 月，中国人民银行先后与韩国、白俄罗斯、阿根廷、冰岛、新加坡、新西兰、蒙古、哈斯克斯坦、泰国、巴基斯坦、澳大利亚等多个国家签订人民币的货币互换协议。

货币互换协议是两国之间的货币承诺，双方在一定范围内接受本币，一方从另一方出口商品时可以使用对方的主权货币，而不一定非要使用美元作为交易中介货币。货币互换协议的签订，有利于人民币直接进入国际投资、贸易支付领域，甚至成为合作国家外汇储备的一部分。在与中国签订货币互换协议后不久，白俄罗斯就有了一个大胆的决定，把其从中国借贷的 200 亿人民币作为他们的外汇储备。较大规模的货币互换增加了人民币的国际使用量，扩大了人民币的"覆盖半径"，人民币在周边地区趋向硬通货，为以后的人民币跨境结算提供了支持。

货币互换协议还只是人民币国际化的一步棋。2009 年 3 月 25 日，国务院审议并原则通过关于推进上海加快发展现代服务业和先进制造业、建设国际金融中心和国际航运中心的意见，2020 年，上海将建成为国际金融中心。

2009 年 4 月 8 日，人民币国际化又有突破性举动：国务院常务会议决定，将在上海市和广东省广州、深圳、珠海、东莞四城市开展跨境贸易人民币结算试点。本币作为国际结算货币，指的是本币在国际贸易中承担计价和结算的货币职能，居民与非居民进行国际贸易时，进出口合同以本国货币计价；居民向非居民可以用本币支付，并且允许非居民持有本国货币存款账户以便进行国际结算。仅 2011 年，人民币结算的贸易额就达到了 2.08 万亿元。

人民币国际化呈现出"春风得意马蹄疾"的势头。

我们也需清醒地认识到，人民币国际化是一个漫长的过程，期间面临着很多风险和挑战。

单资本项目是否开放以及开放的口子到底有多大问题，就很让人头疼。人民币国际化的前提是人民币成为区域间投资货币，但人民币仅是在经常项目实现了自由兑换，在资本项目上开放程度很有限，这会给人人民币国际化扭扭捏捏的感觉——资本管制竖起高门槛，大量资金进出受限，算得哪门子国际化？然而，一旦门户大开，会骤然加大中国的金融风险。

我们在金融体系上的相对保守，恰是我们能够在金融危机中躲过一劫的重要原因。我们的金融体系还没有完全暴露在世界金融体系之下，这使得美国的金融衍生品缺乏足够的机会拉我们"下水"。但这并不意味着我们的金融体系固若金汤，中国的金融体系依然存在不少漏洞。

而且，中国的资本市场"赌性"很强，从股市可见一斑。中国股市这条"东方狗"，于经济涨潮却时常犯冲，有些神秘与乖戾，大有一股犯得天条、触得众怒，敢爱又敢恨，玩得起大喜、耍得上大悲的放荡不羁，其原因被经济学家吴敬琏一句很不讨喜的话点破——"中国股市是赌场"。一旦资本项目"大撒把"，难保种种投机、一夜暴富的故事会被演绎到何种地步。

人民币要国际化，需要让世界人民买它的账，买它的账无非就是能获利。企业接受使用人民币结算，在于人民币升值的势头，以人民币结算可以避免汇率损失。不过，谁也不能信誓旦旦地担保人民币长"升"不衰。如果人民币汇率下降，那些欢迎人民币结算的世界人民会不会一哄而散？毕竟人民币没有美元那么牛气，美元强势到可以对所有风险全部对冲。人民币缩水了，就很难找到适合风险对冲的工具。或许有人会说，强大的中国政府还不够牛吗，可以利用人为手段将人民币汇率固定在某个区域，向世界人民承诺人民币不会贬值。兜来兜去，又回到了行政干预的圈子里，市场成了局外人，显然这很不合适，而且行政的手再牛，在倏忽即变的市场面前，也是管得了初一管不了十五。

风险对冲：指通过投资或购买与标的资产收益波动负相关的某种资产或衍生产品，来冲销标的资产潜在的风险损失的一种风险管理策略。风险对冲是管理利率风险、汇率风险、股票风险和商品风险非常有效的办法。

人民币国际化还需要强大的内功，培养一批优质企业。这些企业必须拥有强大的抗打击能力，做个"蒸不烂煮不熟捶不扁炒不爆响珰珰的铜豌豆"，不管汇率高低都能从容面对、面不改色。从当前的现状看，中国的实体经济尤其是中小企业，在支撑人民币国际化方面的能力还有待加强。

任何货币的国际化，拼的不是投机取巧，手段到底有多精湛也不是最重要的，重要的是务实和制度变革。增强中国实体经济实力，逐步发展金融体系，加强金融监管等，这些才是支撑人民币国际化的硬道理。

超主权货币将是未来终结者

货币的天空要变脸

一旦实力重新洗牌，货币的天空必将变脸。

金融危机成为一道重要的分水岭，毫不留情地晒出各家的家底，也将各国带入不同的经济发展轨道。

毫无疑问的，美元还是彻头彻尾的老大，不管这个货币世界里的"世界警察"搜刮了各国多少民脂民膏，背负了多少骂名，其华丽的信用绸缎上因为金融危机爬满了多少显眼或不显眼的虱子，它依然一言九鼎。譬如，在国际货币基金组织，美国不但拥有 17% 的投票权，还拥有一票否决权。美国直接决定着世界货币组织的决策走向，任何不利于美国的货币政策，都有可能被美国扼杀在摇篮中或者半路截杀。

不过，就长远而言，美元的老大位子正在松动。毕竟，世界人民越来越不堪忍受美元的霸道，尤其美元给他们摆了金融危机这一道。总有一天，他们要"夺回劳动果实，让思想冲破牢笼！快把那炉火烧得通红，趁热打铁才会成功！这是最后的斗争，团结起来到明天！"

而且，美国经济恢复起来依然相当艰难，其经济存在财政赤字、债台高筑、储蓄率过低等多个致命问题，甚至有些悲观的经济学家预测其经济衰退程度可能达到 50%，这会削弱世界对美元的信心。对于美元，信用风险比破产风险更可怕。

尽管 2012 年，中国的领导人谨慎地将 GDP 增长率调整到 8%，改变了一直以来的 10%，但其猛龙过江的姿态不改当年。中国依然头顶"有史以来主要经济体的最快增长速度"，大约 4 亿人摆脱贫困，人均收入也增加近 7 倍，怪不得经济学家杰弗里·萨克斯很给面子地说："中国是世界历史上最成功的发展样板。"这一切，都意味着世界不能小看人民币。

欧元区的债务危机似乎没个尽头，多个经济学家、学者先后故作深沉地预言"看到了经济复苏的嫩芽"，欧元区又总是不识时务地再次爆出危机，给诸多乐观的预言者一瓢冷水。总之，欧元区的天不是那么明朗，这些为共同利益捆绑在一起的国家，在负重前行时，感受到抱团取暖的温暖，也遭遇着各自为政的痛苦。在推动欧洲经济一体化、市场化的路上，欧元还有很长的路要走。

曾经的霸主英镑，已经体会到东山再起比登天还难，1992 年被索罗斯搅了个天翻地覆，金融危机袭来，英镑又迷茫得找不到北，几百年前"日不落"的霸气荡然无存。

经过长达 10 年的经济衰退，日本经济给人半死不活的窒息感，日元自然也活泛不到哪里去，很少会有人把世界货币的候选人投给日元一票。

超主权货币，是理想也是手腕

美元、欧元、人民币、英镑、日元……有的荣光，有的在坠落，没有哪些该典藏哪些该坠落，起作用的只是"弱肉强食"的丛林法则，他们随着本国实力而沉浮，勾勒出错综复杂的货币棋局。既没有任何迹象证明美元将会"万岁万岁万万岁"，也没有明显的证据表明哪一个国家货币将脱颖而出，取代美元成为新的货币霸主，1944 年凯恩斯提出但被无情"Pass"掉的超主权货币则越来越成为人们的美好期待。

2009 年 4 月 2 日伦敦 G20 金融峰会召开在即，中国人民银行行长周小川在中国人民银行网站连续发表 3 篇文章，提出创造一种超主权储备货币的建议。在《关于改革国际货币体系的思考》中，周小川谈到：

此次金融危机的爆发与蔓延使我们再次面对一个古老而悬而未决的问题，那就是什么样的国际储备货币才能保持全球金融稳定、促进世界经济发展。……但此次金融危机表明，这一问题不仅远未解决，由于现行国际货币体系的内在缺陷反而愈演愈烈。

……

二、创造一种与主权国家脱钩并能保持币值长期稳定的国际储备货币，从而避免主权信用货币作为储备货币的内在缺陷，是国际货币体系改革的理想目标。

……

超主权储备货币不仅克服了主权信用货币的内在风险，也为调节全球流动性提供了可能。由一个全球性机构管理的国际储备货币将使全球流动性的创造和调控成为可能，当一国主权货币不再作为全球贸易的尺度和参照基准时，该国汇率政策对失衡的调节效果会大大增强。这些能极大地降低未来危机发生的风险、增强危机处理的能力。

……

同时还应特别考虑充分发挥 SDR（国际货币基金组织特别提款权）的作用。SDR 具有超主权储备货币的特征和潜力。

周小川创造超主权储备货币的建议"一石激起千层浪"，位列"金砖四国"的俄罗斯、巴西、印度举双手表示赞同，韩国、南非等国家也投了赞成票。美国人自然对周小川的提议很不爽，美国财政部长盖特纳申明，自己赞同强势美元，强势美元符合美国利益。当被问及"中国提议美元退后并转而采用一种全球储备货币，俄罗斯此前也提过类似建议，您会无条件拒绝这一提议吗？"盖特纳与美联储主席伯南克不约而同给予这样的回答："是的，我会这样做。"美国总统奥巴马也强硬地表示："我认为没必要设定一种世界货币……美元现在特别强劲。"

欧元倒是表现得比较纠结，一方面欧元在货币圈里也算是个响当当的人物，不愿唯美元马首是瞻，但现在揭竿而起与美元撕破脸皮分庭抗礼，欧元也似乎占不到多少便宜；另一方面，欧元本身也是一种超主权货币，世界与其创造一种新货币体系，还不如捡现成的。所以，一开始欧盟贸易总干事做出了这样的回应："有可能创立一种世界通用货币，统一货币的欧元已在欧洲有了十年成功经验。"后来一位负责经济和货币事务的官员又表示"不预期美元作为国际储备货币的角色会有任何结构上变更"，可见欧元的矛盾心态。

大国货币国际化，小国货币联盟化成为大势所趋。大国忙着夯实本国货币在世界货币版图上的地位，小国既然不能单打独斗就希望能建立货币同盟，以蚂蚁雄兵的力量在世界货币博弈中占有一席之地。为了共同的利益和各自的利益，一切皆有可能。只是，由于经济格局、政治利益、民族冲突与历史遗留问题等多个因素的影响，要建立超主权货币，还需抹平诸多鸿沟，这需要漫长的时间。

这一切，正如巴奇赫特在《世界统一货币》所期待的：

我们离如此完美的时代还很遥远。……我担心目前建立世界单一货币还不可能，会因规模过大而失败。但是，我相信，我们也许能推出一两种货币，两种主要的商业货币，由各个国家自愿逐一加入。到时候两种货币也可以合二为一。从理论上说，这可能并不完美，但是用英国人的思维方式，正因为如此，这也许是可能的。

参考文献

［1］（美）米尔顿·弗里德曼．《货币的祸害：货币史片段》．安佳，译．北京：商务印书馆，2006 年 7 月

［2］（美）查尔斯·P. 金德尔伯格．《西欧金融史》．徐子健，何建雄，朱忠，译．北京：中国金融出版社，2007 年 2 月

［3］（美）多米尼克·萨尔瓦多，等．《欧元、美元和国际货币体系》．贺瑛，译．上海：复旦大学出版社，2007 年 4 月

［4］（美）本·斯泰尔，罗伯特·E. 利坦．《美国对外政策中的金融武器》．黄金老，刘伟，曾超，译．大连：东北财经大学出版社，2008 年 6 月

［5］（美）约翰·S. 戈登．《伟大的博弈——华尔街金融帝国的崛起（1653～2011）》．祁斌，译．北京：中信出版社，2005 年 1 月

［6］（美）狄克逊·韦克特．《大萧条时代：1929—1941》．秦传安，译．北京：新世界出版社，2008 年 11 月

［7］（美）彼得·L．伯恩斯坦．《黄金简史》．黄磊，郑佩芸，译．上海：上海财经大学出版社，2008 年 8 月

［8］张五常．《中国经济改革三十周年》．北京：中信出版社，2009 年 10 月

[9] 周其仁.《中国做对了什么》. 北京：北京大学出版社，2010 年 1 月

[10] 陈志武.《金融的逻辑》. 北京：国际文化出版公司，2009 年 8 月

[11] 张五常.《货币战略论》. 北京：中信出版社，2010 年 1 月

[12] 吴晓波.《跌荡一百年》. 北京：中信出版社，2009 年 1 月

[13] 吴晓波.《浩荡两千年》. 北京：中信出版社，2012 年 1 月

[14] 宋鸿兵.《货币战争》. 北京：中信出版社，2007 年 6 月

[15] 宋鸿兵.《货币战争 3：金融高边疆》. 北京：中华工商联合出版社，2011 年 1 月